Lb 56/7

HISTOIRE POPULAIRE

DE SA MAJESTÉ

NAPOLÉON III

EMPEREUR DES FRANÇAIS

Poissy. — Typographie ARBIEU.

HISTOIRE POPULAIRE

DE SA MAJESTÉ

NAPOLÉON III

EMPEREUR DES FRANÇAIS

PARIS

BECHET, LIBRAIRE-ÉDITEUR   BORRANI ET DROZ, LIBRAIRES
Quai des Augustins, 31.   Rue des Saints-Pères, 7.

AU PEUPLE.

« Aidez-moi à faire le bien, a dit le Prince; aimez-moi comme je vous aime! »

Pour aimer quelqu'un, il faut le bien connaître, savoir ce qu'il est, ce qu'il a été, ce qu'il a dit, ce qu'il a souffert. Mon but est de vous l'apprendre dans ce petit livre qui sera le vôtre. Je raconterai simplement les faits et ce sera assez ; il est des hommes dont il suffit de savoir la vie pour les aimer. Du reste, vous le connaissez déjà ; n'est-ce pas vous qui l'avez donné à la France? Mais il y a une chose que l'on ne sait pas assez ; c'est qu'il a été à la grande école de la souffrance ; il a été malheureux, et dans *le malheur*, dit-il lui-même, *il est naturel de songer à ceux qui souffrent*. Nous voyons tous les jours qu'il ne les oublie pas dans la prospérité. Autrefois, en présence d'une grande calamité, on disait : « Oh ! si le roi le savait... » Aujourd'hui, on aura une raison de plus pour s'écrier : « Oh ! si l'Empereur le savait ! »

Vous lui prêterez aussi le concours de vos bras et de vos cœurs, non pour faire la guerre : l'Empire, c'est la paix. Oh ! sans doute, si l'étranger osait... si la patrie menacée faisait appel à ses enfants, à la voix de son chef, ce magnanime peuple français d'un seul bond s'élancerait à la frontière, et nos bataillons reviendraient victorieux ou tomberaient dans la gloire... Mais ce n'est pas par la force qu'il veut être aidé, c'est par l'amour de la paix, par la patience, par une vie rangée, par le travail... Car il faudra toujours travailler; il n'y aura jamais assez de richesses pour tout le monde : l'argent ne viendra jamais se placer de lui-même dans notre poche; toujours il faudra gagner notre pain à la sueur de notre front. Du reste, tant mieux! gagner son pain n'est-ce pas là la plus noble ambition de l'honnête homme!

Sans doute, dans tout ce qui s'est fait, il y a quelques âmes froissées; mais du moins soyons justes; sachons gré au Prince du mal qu'il a empêché, du bien qu'il a fait, de celui qu'il a voulu et n'a pu faire. La France a été si malade, ce n'est pas en un seul jour qu'on peut la guérir. Pour le bien de tous, déposons nos vieilles inimitiés... C'est assez de souffrances, assez de misère, assez de crimes, assez de sang... Serrons-nous autour de celui que la Providence tenait en réserve pour les jours du malheur. Aidons-lui à rendre la France calme, grande, heureuse.

CHAPITRE PREMIER.

Premières années du Prince.

HISTOIRE POPULAIRE

DE SA MAJESTÉ

NAPOLÉON III

EMPEREUR DES FRANÇAIS

CHAPITRE PREMIER.

Premières années du Prince.

Le 20 avril 1808 le canon tonnait, toutes les cloches sonnaient, des cris d'allégresse retentissaient de tous côtés, il venait de naître un nouvel héritier au maître du monde. C'était Napoléon-Louis Bonaparte. Il était fils de Louis Bonaparte, frère de l'Empereur, et de Hortense de Beauharnais, fille de l'Impératrice Joséphine. Sa naissance fut célébrée avec un grand enthousiasme ; il semble que la France avait déjà comme un pressentiment de la destinée de ce nouveau-né et des services qu'il devait lui rendre. Il fut baptisé à Fontainebleau ; l'Empereur et l'Impératrice Marie-Louise le tinrent sur les fonts du baptême. Bientôt le jeune prince eut pour compagnon des jeux de son enfance, le roi de Rome, qu'il aima tendrement jusqu'à sa mort, qui le faisait héritier de Napoléon.

Dès l'âge de sept ans, il montra son bon cœur. C'était le temps du désastre de Waterloo. Comme il aimait beaucoup l'Empereur et qu'il en était tendrement aimé, il s'attachait à lui, il ne voulait pas le laisser partir. On eût dit qu'il avait prévu les malheurs qui allaient tomber sur le héros....

Napoléon paraissait triste et soucieux, dit le maréchal Soult, témoin oculaire. La porte de l'appartement était restée ouverte et je vis un jeune enfant se glisser dans le salon et s'approcher de l'Empereur. C'était un charmant garçon de sept ou huit ans, à la chevelure blonde et bouclée et aux yeux bleus et expressifs. Sa figure était empreinte d'un sentiment douloureux ; sa démarche trahissait une émotion profonde qu'il s'efforçait en vain de contenir. Il s'approche, s'agenouille devant l'Empereur, et, posant sa tête et ses deux mains sur ses genoux, il se prend à verser des larmes.

« Qu'as-tu donc, Louis ? s'écrie Napoléon, d'un ton de voix où perçait la contrariété d'avoir été interrompu ; pourquoi viens-tu ici ? pourquoi pleures-tu ? » Mais l'enfant, intimidé, ne répondait que par des sanglots. Peu à peu, cependant, il se calme, et, d'une voix douce et triste, il dit enfin :

« Sire, ma gouvernante vient de me dire que vous partiez pour la guerre. Oh ! ne partez pas ! ne partez pas ! » L'Empereur ne pouvait que se montrer touché de cette sollicitude, car l'enfant qui le suppliait ainsi était le prince Louis, ce neveu qu'il affectionnait par-dessus tout.

« Et pourquoi ne veux-tu pas que je parte ? » lui demanda-t-il avec attendrissement. Puis, lui soulevant la tête et passant sa main dans les boucles dorées de sa chevelure : « Mon enfant, ajouta-t-il, ce n'est pas la première fois que je vais *à la guerre* ; pourquoi t'affliges-tu ? Ne crains rien, je reviendrai bientôt.

— Oh ! mon cher oncle, reprit l'enfant dont les pleurs redoublaient, ces méchants alliés veulent vous tuer ! oh ! laissez-moi aller, mon oncle, laissez-moi aller avec vous ! »

Cette fois, l'Empereur ne répondit pas ; ayant pris l'enfant sur ses genoux, il le pressa contre

son cœur et l'embrassa avec effusion. L'Empereur était profondément ému, mais bientôt reprenant toute la fermeté de sa parole : « Hortense, Hor-
» tense, appela-t-il ; et comme la reine s'était
» empressée d'accourir : tenez, emmenez mon ne-
» veu et réprimandez sévèrement sa gouvernante
» qui, par des paroles inconsidérées, exalte la
» sensibilité de cet enfant. »

Puis après quelques mots affectueux au jeune prince pour le consoler, il allait le rendre à sa mère quand s'apercevant que l'émotion gagnait le maréchal : « Tenez, dit-il vivement, embrassez-le,
» il aura un bon cœur et une belle âme... C'est
» peut-être l'espoir de ma race... »

Après la chute de l'Empire, la reine Hortense se retira à Augsbourg, en Bavière. Ce fut là que le jeune prince fit sa première communion. Un peu plus tard, des tracasseries le forcèrent de venir avec sa mère et son frère aîné, habiter le château d'Arenenberg, en Suisse, où sa mère se voua entièrement à son éducation. Non-seulement Louis-Napoléon étudia les lettres et les sciences, mais il voulut profiter du voisinage du camp de Thun pour se former à la vie militaire. On le vit, chaque année, le sac sur le dos, manger le pain du soldat, manier la pelle, la pioche, la brouette et le compas, gravir les glaciers et faire jusqu'à 10 ou 12 lieues par jour pour revenir coucher sous la tente du soldat. On peut dire qu'il sait ce que vaut et ce que coûte le travail.

Il ne se distinguait pas moins par sa bravoure. Un jour que suivant sa coutume, il allait se promener à cheval, son attention fut attirée par les cris d'une foule effrayée. Deux chevaux attelés à une calèche légère avaient pris le mors aux dents et s'élançaient dans la direction d'un affreux précipice. Le cocher avait été renversé et une dame seule avec deux enfants poussait des cris déchirants. Mais Louis-Napoléon a vu le danger et aussitôt lançant son cheval à travers champs et fossés pour devancer la voiture, il l'atteint sur le bord de l'abîme, saisit l'un des chevaux par le mors, le détourne d'une main si vigoureuse que l'animal s'abat et que la voiture s'arrête aux applaudissements de la population étonnée de reconnaître le prince dans ce hardi cavalier.

Louis Napoléon était au camp de Thun, quand il apprit la révolution de Juillet 1830. Un instant il fut heureux, il espérait revoir la patrie, mais bientôt son espérance fut trompée. Pour s'en consoler un peu, il alla combattre en Italie. Son entreprise fut malheureuse, et à côté de lui, son frère aîné, Charles, fut enlevé par une maladie, suite des fatigues de la guerre. Lui-même tomba malade, mais son excellente mère, qui comme un bon ange veillait sur ses jours accourut, l'entoura de ses soins, fit courir le bruit qu'il s'était embarqué pour la Grèce, et, munie d'un passe-port anglais, traversa l'Italie, une partie de la France, et arriva à Paris. Mais le gouvernement de Louis-Philippe leur intima l'ordre de sortir sur-le-champ de la France, quoique le prince fût dévoré par la fièvre, et malgré une letre fort remarquable qu'il écrivit au roi. L'Angleterre lui offrit l'hospitalité, il ne voulut pas l'accepter; il se souvenait de ce que l'on avait fait endurer à son oncle à Sainte-Hélène.

A son retour en Suisse Louis-Napoléon reçut une députation secrète de la Pologne, qui lui proposait de le mettre à la tête de la nation en armes. De hautes considérations politiques l'empêchèrent d'accepter le commandement qui lui était offert.

Par la mort du roi de Rome, Louis-Napoléon était devenu l'héritier de l'Empereur; il comprit tout ce que lui imposait ce titre et il se livra avec une nouvelle ardeur à l'étude. A vingt-quatre ans il publia deux ouvrages qui révélèrent son talent de penser et d'écrire; le premier qui a pour titre : *Considérations militaires sur la Suisse*, lui mérita l'honneur d'entrer en relation avec le plus beau génie de notre époque, Chateaubriand.

La Suisse, fière de son hôte, lui conféra le titre *honorifique* de citoyen de la république. Ce titre ne lui enlevait pas sa qualité de français; à aucun prix il n'eut voulu cesser de l'être ! Il fut de plus nommé capitaine d'artillerie au régiment de Berne. Comme son oncle, il débuta dans l'artillerie, avec le grade de capitaine et au service d'une république.

Voici quelques traits du portrait qui fut fait de Louis-Napoléon, à cette époque :

Le prince est d'une physionomie agréable, d'une taille moyenne. Ses manières sont simples, naturelles, pleines d'aisance et de bon goût ; son caractère distinctif est la noblesse et la sévérité, et cependant, loin d'être dure, sa physionomie respire au contraire un sentiment de bonté et de douceur ; mais ce qui excite surtout l'intérêt, c'est cette teinte indéfinissable de tristesse et de méditation répandue sur toute sa personne qui révèle les nobles douleurs de l'exil.

Quant à ses goûts, ils sont sérieux : dès le matin, il s'habille pour toute la journée; il a toujours méprisé le luxe et les futilités, et quoiqu'une somme considérable lui fut donnée par sa mère pour son entretien, c'était toujours la dernière chose à laquelle il pensait; presque tout cet argent passait à des actes de charité, à fonder des écoles, des salles d'asile, excellentes choses dont tout le monde sait que le prince n'a pas perdu l'habitude.

Un homme qui a vécu ainsi, sait déjà ce que c'est que la vie, ses joies mâles, son côté pénible. Mais la Providence lui réservait une plus grande plénitude de douleurs, pour lui donner une plus grande abondance de compassion.

CHAPITRE II.

Première captivité.

CHAPITRE II.

Première captivité.

Cependant Louis-Napoléon songeait toujours à la France, il en coûtait à son noble cœur de la voir avilie. Au dehors elle était humiliée, à l'intérieur elle était matérialisée, l'argent était tout ; boire, manger, faire ripaille, ou faire des affaires, voilà tout le bonheur auquel on la faisait aspirer, dans ce temps-là. C'était la matière qui gouvernait.

Un homme payait 200 francs d'impôt, il était tout, le reste ne comptait pas; vous ne payiez que 195 francs, vous n'étiez capable de rien. Le hasard ou une injustice en faisait payer 200 à votre voisin, alors c'était un haut et puissant baron, un homme comme il faut, de ces gens qu'on choyait, qu'on voiturait, qu'on traitait, qu'on enivrait, et qui ensuite venaient voter, et puis ce que ces messieurs avaient décidé cela s'appelait la volonté de la France. Dérision ! Louis-Napoléon voulut donc relever la patrie de cette abjection, pour cela il s'adressa à l'armée chez laquelle le sentiment de l'honneur est resté plein de vie. Sans doute son entreprise fut hardie, audacieuse, mais elle ne fut ni déraisonnable, ni impossible.

Depuis longtemps, il s'était mis en rapport avec des hommes considérables de l'intérieur, le concours de plusieurs généraux lui était promis, il avait pour lui le colonel Vaudrey qui commandait l'artillerie à Strasbourg. C'était un militaire brave, loyal, adoré des soldats et aimé des habitants, à cause de sa franchise et de son amour pour l'Empereur (1). On a vu depuis qu'il en fallait bien moins pour renverser Louis-Philippe : une poignée

---

(1) Le colonel Vaudrey est aujourd'hui général et commandant du palais des Tuileries.

de peuple a suffi. Le Prince avait deviné que ce trône assis sur la matière, sur la boue n'était pas solide. Du reste, par une générosité rare chez les hommes de ce temps-ci, il a lui-même condamné solennellement son entreprise, parce qu'elle exposait la patrie à la chance des révolutions.

Le 29 octobre 1836, il se présenta à Strasbourg, mais il échoua à cause d'un malentendu. Il n'était pas arrêté là haut qu'il dût sitôt triompher. Il lui restait encore des années à passer à l'école du malheur afin de se préparer aux grandes destinées qui l'attendaient.

Louis-Napoléon fut fait prisonnier, enlevé dans une chaise de poste, conduit à Paris entre deux gendarmes, puis à Lorient, et embarqué sur l'*Andromède* pour l'Amérique.

Il s'était attendu à être jugé, et sa peine fut grande quand il vit l'exception faite en sa faveur, sur la prière de sa mère. Il lui semblait que sa présence eût pu être utile à ses co-accusés. Aussi s'empressa-t-il d'écrire à sa bonne mère la touchante lettre que nous allons citer, parce que c'est surtout dans ces relations intimes que l'on apprend mieux à connaître les hommes.

« Ma chère Mère,
» Je reconnais à votre démarche toute votre ten-

dressé pour moi; vous avez pensé au danger que je courais, mais vous n'avez pas pensé à mon honneur qui m'obligeait à partager le sort de mes compagnons d'infortune. Cela a été pour moi une douleur bien vive, que d'abandonner ces hommes que j'avais entraînés à leur perte, lorsque ma présence et mes dépositions auraient pu influencer le jury en leur faveur. J'écris au roi pour le prier de jeter un regard de bonté sur eux; c'est la seule grâce qui peut me toucher.

» Je pars pour l'Amérique; mais, ma chère mère, si vous ne voulez pas augmenter ma douleur, je vous en conjure, ne me suivez pas. L'idée de faire partager à ma mère, mon exil de l'Europe, serait, aux yeux du monde, une tache indélébile pour moi, et pour mon cœur cela serait un chagrin cuisant. Je vais en Amérique faire comme Achille Murat, me créer moi-même une existence; il me faut un intérêt nouveau pour pouvoir m'y plaire.

» Je vous prie, chère maman, de veiller à ce qu'il ne manque rien aux prisonniers de Strasbourg; prenez soin des deux fils du colonel Vaudrey, qui sont à Paris avec leur mère. Je prendrais facilement mon parti si je savais que mes autres compagnons d'infortune auront la vie sauve; mais avoir sur la conscience la mort de braves soldats, c'est une douleur amère qui ne peut jamais s'effacer.

» Adieu, ma chère maman, recevez mes remerciments pour toutes les marques de tendresse que vous me donnez ; retournez à Arenemberg, mais ne venez pas me rejoindre en Amérique, j'en serais trop malheureux. Adieu, recevez mes tendres embrassements ; je vous aime toujours de tout mon cœur.

» Votre tendre et respectueux fils,

» NAPOLÉON-LOUIS B. »

Pendant que le Prince se rendait en Amérique, ses compagnons de captivité avaient été acquittés.

Arrivé à New-York, il se disposait à voyager dans les États-Unis, quand une lettre de sa mère lui apprit qu'elle était dangereusement malade, rien alors n'eut pu le retenir. Il n'avait du reste pris aucun engagement à l'égard du gouvernement de Louis-Philippe.

Voici la lettre d'adieu de sa mère.

« Mon cher fils,

« On doit me faire une opération absolument

nécessaire. Si elle ne réussit pas, je t'envoie par cette lettre ma bénédiction. Nous nous retrouverons, n'est-ce pas? dans un monde meilleur où tu ne viendras me rejoindre que le plus tard possible; et tu penseras qu'en quittant celui-ci, je ne regrette que toi, que ta bonne tendresse qui seule m'y a fait trouver quelque charme. Cela sera une consolation pour toi, mon cher ami, de penser que, par tes soins, tu as rendu ta mère heureuse autant qu'elle pouvait l'être. Tu penseras à toute ma tendresse pour toi et tu auras du courage. Pense qu'on a toujours un œil bienveillant et clairvoyant sur ce qu'on laisse ici-bas; mais, bien sûr, on se retrouve. Crois à cette douce idée : elle est trop nécessaire pour ne pas être vraie. Ce bon Arèse, je lui donne aussi ma bénédiction comme à un fils. Je te presse sur mon cœur, mon cher ami. Je suis bien calme, bien résignée, et j'espère encore que nous nous reverrons dans ce monde-ci. Que la volonté de Dieu soit faite!

» Ta tendre mère,

» HORTENSE. »

Pour aller auprès de cette mère il brava tout, et bientôt il eut la douleur de lui fermer les yeux, il arriva à temps pour recevoir ses derniers embrassements et sa dernière bénédiction.

Quelques instants avant d'expirer, elle fit appeler les gens de sa maison ; elle voulait presser la main de chacun d'eux : tous étaient en larmes ; elle était calme et résignée. Son fils, les dames attachées à sa personne et le docteur Conneau étaient à genoux au pied de son lit. Un profond silence régnait dans cette chambre où la mort allait entrer. La reine, déjà en proie au délire, repassait dans son esprit les scènes déchirantes dont elle avait été témoin auprès de l'Empereur, à l'époque des terribles malheurs de 1814 et 1815 ; puis, dans un de ces retours de raison qui suspendent, par une lueur passagère, les transports de l'agonie, elle s'écria : « Je n'ai fait de mal à personne, Dieu aura pitié de moi. » Alors elle reconnut toutes les personnes qui l'entouraient, fit un mouvement pour embrasser son fils, et passa ainsi doucement dans l'éternité.

Le Prince lui ferma les yeux, puis étant retombé immobile et en pleurs, il resta à genoux devant sa mère, la tête appuyée sur sa main, jusqu'à ce qu'on vint l'arracher d'auprès de cette amie dont il ne pouvait se séparer.

Les cendres de cette mère bien-aimée étaient à peine refroidies, que le gouvernement de Louis-

Philippe fit demander son expulsion de Suisse. Celle-ci se montra grande et résista. Mais Louis-Napoléon ne voulant pas être une cause d'embarras pour ce peuple hospitalier, se retira en Angleterre... non sans regretter le pays où s'étaient écoulés les jours de son exil. Ce fut encore une douleur ajoutée à tant d'autres douleurs.

CHAPITRE III.

Deuxième captivité.

CHAPITRE III.

Deuxième captivité.

Le Prince ne perdait pas la France de vue : un instinct secret lui disait qu'il devait la gouverner un jour et la relever de ses faiblesses. D'ailleurs son âme était profondément blessée, les restes de Napoléon allaient être rapportés de Sainte-Hélène et le héros ne devait être accompagné d'aucun membre de sa famille à sa nouvelle sépulture, faveur dont le pauvre lui-même n'est pas privé ; de plus, les armes de l'Empereur avaient été livrées au gouvernement de Louis-Philippe. Il résolut donc une deuxième expédition.

Sans cesse entouré de Français de distinction, d'officiers de haute capacité, prêts à le seconder en toutes circonstances, ayant des intelligences dans l'armée, dans l'administration et dans la magistrature, il crut que le moment était favorable. Il dressa lui-même le plan de cette expédition, le mûrit, l'élabora longuement, et puis le confia à ses amis les plus dévoués, parmi lesquels se trouvaient Montholon, le fidèle compagnon de l'Empereur, Parquin et Persigny, aujourd'hui ministre de l'intérieur.

La ville de Boulogne fut choisie pour le théâtre de ce coup de main, l'expédition eut lieu le 6 août 1840, elle fut encore plus malheureuse que celle de Strasbourg. Bientôt il fallut songer à la retraite. En cette occasion le Prince fit preuve de sang-froid et de bravoure, il ne voulait pas fuir : j'ai juré, dit-il, de mourir sur la terre de France, l'heure est venue de tenir mon serment. Mais la Providence ne voulait pas qu'il mourût là ; elle voulait qu'il continuât de souffrir et de prendre les leçons du malheur, ce qui est plus difficile, quand on le fait noblement. On l'entraîna malgré lui, on le jeta dans un canot. Deux de ses amis furent frappés à ses côtés, lui-même fut légèrement blessé au bras et fait prisonnier. On l'enferma d'abord dans la citadelle de Boulogne, avec ses compagnons d'armes. De là on le transféra au fort de Ham, près Saint-Quentin, puis à Paris où ils furent jugés.

Les débats commencèrent le 26 septembre 1840.

Le prince demanda la parole. Voici quelques passages du discours qu'il prononça :

« Pour la première fois de ma vie il m'est enfin permis d'élever la voix en France et de parler librement à des Français...

« Une occasion solennelle m'est offerte d'expliquer à mes concitoyens ma conduite, mes intentions, mes projets, ce que je pense, ce que je veux...

« Gardez-vous de croire que me laissant aller aux mouvements d'une ambition personnelle, j'aie voulu tenter en France, malgré le pays, une restauration impériale. J'ai été formé par de plus hautes leçons, et j'ai vécu sous de plus nobles exemples.

» Je suis né d'un père qui descendit du trône sans regret le jour où il ne jugea plus possible de concilier avec les intérêts de la France les intérêts du peuple qu'il avait été appelé à gouverner.

» L'Empereur, mon oncle, aima mieux abdiquer l'empire que d'accepter par des traités les frontières restreintes qui devaient exposer la France à subir les dédains et les menaces que l'étranger se permet aujourd'hui. Je n'ai pas respiré un jour dans l'oubli de tels enseignements. La proscription imméritée et cruelle qui, pendant vingt-cinq ans, a traîné ma vie des marches du trône sur lesquelles je suis né jusqu'à la prison d'où je sors en ce moment, a été impuissante à irriter comme à fatiguer mon cœur : elle n'a pu me rendre étranger un seul jour à la dignité, à la gloire, aux droits et aux intérêts de la France. »

Après le prince, M. Berryer, son avocat, prit la parole, et, entre autres, fit entendre ces admirables accents :

« Le gouvernement, vous le savez, Messieurs, a senti un tel besoin de se rallier au principe impérial qu'un ministre du roi a dit : « Napoléon fut le souverain légitime du pays. » C'est alors que le jeune prince a vu se réaliser ce qui n'était encore que dans les pressentiments des hommes qui ourdissaient ce plan combiné contre la France ; et vous ne voulez pas que ce prince téméraire, présomptueux peut-être, mais doué d'un caractère qui a du sang, vous ne voulez pas que, sans consulter ces ressources que savent si bien se ménager les conspirateurs de longue main, il se soit dit : Ce nom, qui réveille la foi dans la victoire, et qui répand la terreur de la défaite, c'est à moi de le porter vivant sur la frontière ! Je suis le fils, l'héritier de l'Empereur ; son sang, il est dans mes veines ; ce deuil qu'on apprête, c'est à moi de le conduire. Quoi ! ces armes qu'on déposera sur le tombeau, vous les disputez à l'héritier du héros ! Ah ! Messieurs, comprenez donc comme moi que c'est sans calcul que le prince, jeune et ardent, s'est dit : J'irai, je conduirai le deuil, je poserai les armes sur la tombe de l'Empereur, et je dirai à la France : Voulez-vous de moi?...

» S'il y a crime, c'est vous qui l'avez fait, c'est vous qui, par vos principes, par les actes solennels du gouvernement, l'avez provoqué ; c'est vous qui l'avez déclaré déchu de ses droits, de son rang, de son nom de neveu de l'Empereur ; vous qui, sous la proscription même, avez nourri le jeune prince dans la conviction de ses droits. S'il y a crime, je le répète, vous l'avez inspiré.

» .... Que ferez-vous ? Le jetterez-vous au loin sur quelque rocher désert, pour qu'une autre tombe de Sainte-Hélène contienne d'autres glorieux ossements? prononcerez-vous une peine infamante? Non, dans une chambre française une condamnation infamante sur ce nom est impossible; une condamnation infamante sur ce nom ne sera pas le premier gage de paix à venir que vous voudriez jeter à l'Europe. »

Mais ces efforts de l'éloquence devenaient inutiles. L'arrêt était rédigé d'avance, et Louis-Napoléon fut condamné à une prison perpétuelle dans une forteresse du royaume.

En entendant prononcer sa sentence, le prince Louis-Napoléon s'écria : Au moins j'aurai le bonheur de mourir en France ! Ce n'était pas en prison qu'il devait mourir, mais il devait passer par toutes les épreuves. Il savait les souffrances du cœur, de l'exil, des revers, de l'ingratitude, de la calomnie : il lui restait les ennuis d'une longue captivité à dévorer. Bienheureux les États dont les chefs ont connu toutes les épreuves. Un prince qui n'a pas souffert, qui a toujours été entouré de flatteurs, que sait-il ? C'est, et ce sera toujours un homme incomplet. C'est la souffrance surtout qui fait l'éducation des hommes ; par elle, l'âme se replie sur elle-même et finit par découvrir tous les trésors de compassion que le ciel a cachés dans son cœur. Celui qui a souffert se rappelle ses douleurs en présence des douleurs des autres, et il se dit : J'aurais été si heureux si on m'eût soulagé autrefois dans ma peine. Eh bien, procurons ce bonheur ; et il passe par-dessus la raison d'État, qui n'est souvent qu'une raison de geôlier. On l'a bien vu dans la manière dont Abd-el-Kader vient d'être traité. Et puis il restait encore au Prince des choses à étudier et du temps et de la solitude lui furent donnés. On peut dire que quand Dieu fait passer un homme de son rang par de pareilles épreuves, c'est qu'il le réserve à de grandes choses.

Louis-Napoléon fut donc enfermé de nouveau à Ham. Il y passa sept ans sans se plaindre, sans qu'il fût possible de lui reprocher le moindre acte de faiblesse. A peine arrivé dans sa prison, il reprit avec ardeur ses études ; son corps était captif, mais sa pensée était libre et son cœur aussi. Ses travaux et ses recherches se dirigèrent surtout vers les moyens d'améliorer le sort des masses ; rendre les hommes meilleurs et plus heureux, voilà quel était le but de ses efforts. C'est en prison qu'il a publié son livre de *l'Extinction du Paupérisme*, dans la préface duquel se trouvent ces belles paroles : *Il est naturel dans le malheur de songer à ceux qui souffrent.*

Un premier hommage fut rendu à cette œuvre par les ouvriers, qui adressèrent au Prince la lettre suivante, couverte d'un nombre immense de signatures :

« Prince,

» Vous vous occupez, dans votre prison, des souffrances du peuple et de son avenir : il mérite votre bienveillante sollicitude, car c'est dans ses rangs que se sont réfugiés les sentiments qui ont autrefois rendu la France fière et glorieuse. L'écrit si remarquable que vous venez de publier sur le *Paupérisme*, a vivement excité notre reconnaissance. Nous venons vous remercier, au nom de la classe ouvrière, de songer et de travailler à son bien-être. L'Empereur était notre roi, à nous, il nous aimait sincèrement, et nous sommes heureux de voir son neveu nous continuer cet attachement.

» Croyez-le bien, Prince, c'est avec douleur que nous vous voyons enseveli dans une citadelle sur le sol de la France. Nous faisons des vœux pour que la liberté vous soit enfin rendue avec tous vos droits de citoyen français. Puisse ce témoignage de sympathie adoucir les tristesses de votre prison et vous rappeler quelquefois qu'il y a autour de vous des compatriotes qui admirent votre courage, estiment votre noble caractère et aiment en vous le neveu de celui qui fut l'Empereur du peuple.

» Nous avons l'honneur d'être, avec un profond respect,

» Prince,

» Vos très-humbles et très-reconnaissants serviteurs. »

Voici quelle fut la réponse du prince, adressée à M. Cartille, imprimeur à Paris :

« Fort de Ham, le 14 octobre 1852.

« Monsieur,

» J'ai été bien touché de la lettre que vous m'avez adressée au nom de plusieurs personnes de la classe ouvrière, et je suis heureux de penser que quelques-uns de mes concitoyens rendent justice au patriotisme de mes intentions. Un témoignage de sympathie de la part d'hommes du peuple me semble cent fois plus précieux que ces flatteries officielles que prodiguent aux puissants les soutiens de tous les régimes ; aussi m'efforcerai-je de mériter les éloges et de travailler dans les intérêts de cette immense majorité du peuple français, qui n'a aujourd'hui ni droits politiques, ni bien-être assuré, quoiqu'elle soit la source reconnue de tous les droits et de toutes les richesses.

» Compagnon des malheureux sergents de la Rochelle, vous devez facilement comprendre quelles sont mes opinions et quels sont mes sentiments, puisque vous avez souffert pour la même cause que moi ; aussi est-ce avec plaisir que je vous prie d'être auprès des signataires de la lettre que vous m'avez adressée, l'interprète de mes sentiments de reconnaissance, et recevez,

» Monsieur,

» l'assurance de mon estime et de ma sympathie,

« signé Napoléon-Louis. »

Au mois d'avril 1842, il publia un autre ouvrage qui a pour titre *Analyse de la question des sucres*. Ici son but était d'améliorer le sort de l'agriculteur, car rien ne lui est étranger de ce qui peut intéresser le bonheur de la France. « L'agriculture, dit-il, dans cet ouvrage, est le premier élément de la prospérité d'un pays, parce qu'elle repose sur des intérêts immuables, et qu'elle forme la population saine, vigoureuse et morale des campagnes. L'industrie repose trop souvent sur des bases éphémères ; et quoique, sous certains rapports, elle développe davantage les intelligences, elle a l'inconvénient de créer une population malingre qui a tous les défauts physiques provenant d'un travail malsain dans des lieux privés d'air, et les défauts moraux résultant de la misère et de l'agglomération d'hommes sur un petit espace.

Le prisonnier de Ham, de l'agriculteur passe à l'armée. Pourrait-il l'oublier, n'est-ce pas elle qui devait lui aider à sauver la patrie désolée. Vers la même époque il fit paraître *Les réflexions sur le recrutement de l'armée*. Cet écrit se recommande encore par une étude approfondie de la matière et par des vues d'une haute portée.

Tous les militaires s'accordaient à reconnaître que les *Réflexions sur le recrutement* étaient le travail d'un homme fort et qui avait longtemps médité sur le sujet ; ils le proclamaient parfaitement au courant de la spécialité, et son livre était évidemment l'œuvre d'une plume amie, un témoignage de bienveillance qui leur était donné ; à ce titre, il méritait doublement leurs suffrages.

Tels étaient les soucis et les travaux du Prince dans sa prison. Sa captivité ne l'empêchait pas de songer à la prospérité de sa patrie. Du reste, un instinct secret lui disait qu'un jour il devait régner malgré les murs de son cachot. Ce n'était pas ambition chez lui, mais c'était comme une religion, une foi dans la Providence et en lui-même. Avec le nom que je porte, écrit-il, *il me faut l'ombre d'un cachot ou la lumière du pouvoir*. En dépit des murs de la forteresse, en dépit des hommes, sa conviction est qu'un jour il doit gouverner la France... il la gouvernera... et cela se fait aujourd'hui, cela s'accomplit, on sait avec quel enthousiasme. Qu'on dise que la Providence n'y a pas mis la main ! Comment donc cela s'est-il fait ? Il y a 6 ans, dans une prison que les hommes disaient perpétuelle et aujourd'hui sur le plus beau trône du monde !...

Plus d'une fois on avait fait comprendre au Prince que, s'il voulait signer des engagements qui étaient contraires à son honneur, il serait rendu à la liberté. Il repoussa ces offres avec indignation, et aima mieux garder la captivité et l'honneur que de vivre libre et déshonoré. D'ailleurs, comme il le disait lui-même : Au moins, dans sa prison, il respirait l'air de la patrie.

Il était donc résigné à y vivre, quand une désolante nouvelle lui vint de l'Italie : son vieux père se mourait, et avant de mourir, il voulait voir encore une fois le seul enfant qui lui restât sur la terre. Ce que le Prince n'avait jamais fait pour lui-même, il le fit par piété filiale. Il demanda au gouvernement la permission d'aller fermer les yeux de son père mourant sur la terre de l'exil, en donnant sa parole d'honneur qu'il reviendrait après reprendre sa vie de prison... Le gouvernement de Louis-Philippe refusa, en mettant à cette faveur des conditions impossibles. C'est alors que, l'âme ulcérée, le Prince prit la résolution de s'évader de sa prison pour courir au lit de mort de son père. Cette évasion fut préparée et conduite avec la plus heureuse habileté. Elle a tout l'intérêt d'un roman ; nous allons en emprunter quelques détails au récit fait par un témoin oculaire :

« Voici ce qui fut convenu entre le Prince et les confidents de son dessein. Après avoir demandé au commandant la permission de se rendre à Saint-Quentin, ainsi que cela lui était arrivé déjà plusieurs fois, Thelin, le fidèle compagnon de ses malheurs, devait se procurer ostensiblement une voiture, et au moment où il quitterait la citadelle pour aller la chercher, le Prince, déguisé en ouvrier, sortirait en même temps que lui. Cette combinaison offrait deux avantages ; le premier de mettre Thelin à même de détourner l'attention de dessus le soi-disant ouvrier, en jouant avec le chien du Prince, le fidèle *Ham*, qui était très-connu et très-aimé de la garnison; le second de pouvoir toujours appeler à lui, afin d'opérer une diversion, toutes les personnes qui, prenant le Prince pour un ouvrier, seraient tentées de lui adresser la parole.

» Le lundi 2 mai 1847 fut choisi pour le jour de l'exécution du projet d'évasion qui devait avoir lieu à sept heures du matin. Le Prince se leva de bonne heure disposa tout pour sa fuite; et, à la dernière extrémité, on se mit en devoir de couper ses moustaches. Le prisonnier ne put s'empêcher de sourire, lorsqu'à la vue du rasoir faisant une fonction inaccoutumée, une véritable consternation se peignit sur le visage des personnes qui l'entouraient.

« Le Prince possédait un talisman, une sorte d'amulette sacrée : c'étaient deux lettres, l'une de sa mère, l'autre de Napoléon. Jamais il ne se séparait de ces gages précieux d'une douce et constante tendresse et des souvenirs les plus chers; il allait placer sous son vêtement le petit portefeuille où ils étaient renfermés, lorsqu'il lui vint à la pensée que si on le fouillait à la frontière, ces papiers pourraient le trahir. Il eut un instant d'hésitation, mais le docteur Conneau, qu'il consultait du regard, ayant paru vouloir l'affermir dans sa touchante superstition du cœur, le sentiment l'emporta sur les conseils de la prudence. Le Prince cacha religieusement sur sa poitrine les deux seules reliques qu'il eut alors de la grandeur passée de sa noble famille. La lettre de l'Empereur était adressée à la reine Hortense; on y lisait ces mots prophétiques : « J'espère qu'il grandira et se rendra digne des destinées qui l'attendent. » C'était en parlant du Prince que l'Empereur s'exprimait ainsi.

» Les préparatifs de toilette se firent vivement : le Prince passa un premier vêtement assez dégagé et assez semblable à celui d'un courrier du commerce ou d'un commis voyageur; il dissimula le tout sous une blouse et un pantalon d'une usure et d'une vétusté non équivoques; un tablier bleu à l'avenant, une perruque à longs cheveux noirs et une mauvaise casquette complétèrent le costume, et quand il se fût un peu graissé la figure et noirci les mains, il ne manqua plus rien à la métamorphose. On touchait au moment de l'action, toute émotion disparut alors et le Prince déjeuna comme de coutume. Le repas terminé, ce fut l'affaire de quelques minutes, il chaussa ses sabots, s'arma d'une pipe de terre raisonnablement culottée, et comme il avait maintes fois remarqué qu'allant et venant, beaucoup d'ouvriers apportaient ou remportaient des planches, il détacha un des longs rayons de sa bibliothèque, le mit sur son épaule et se disposa à partir avec ce fardeau derrière lequel pouvait toujours disparaître un côté du visage.

» A sept heures moins un quart, Thélin appela tous les ouvriers qui se trouvaient dans l'escalier et les fit entrer dans la salle à manger où l'homme de peine *Laplace*, invité comme eux, fut chargé de leur verser à boire. Confier à ce dernier cette tâche d'échanson, c'était le meilleur moyen de se débarrasser de lui. Cette utile diversion ainsi opérée, Thélin vint avertir le Prince qu'il n'y avait pas un instant à perdre. Aussitôt celui-ci descendit l'escalier au bas duquel étaient les deux gardiens *Dupin* et *Issalé* ainsi qu'un ouvrier qui travaillait à la rampe. Il échangea quelques mots avec les premiers qui lui dirent bonjour et qui, présumant bien, à le voir porter son paletot sur le bras, qu'il allait à Saint-Quentin, lui souhaitèrent un bon voyage. Pour assurer le passage du Prince, il fallait au moins neutraliser le coup d'œil d'un des deux gardiens. Thélin, sous prétexte de lui faire une communication qui l'intéressait, attira Issalé dans le guichet et se plaça de manière à ce que celui-ci, pour l'écouter, fut obligé de tourner le dos à la porte.

» Au moment où le prince quittait sa chambre,

déjà quelques ouvriers sortaient de la salle à manger située à l'autre extrémité du corridor. La rencontre eût été périlleuse, mais le docteur sut à propos les occuper par quelques questions que lui suggéra sa présence d'esprit, et aucun d'eux ne remarqua le prisonnier qui descendait lestement l'escalier. Arrivé aux dernières marches, le prince se trouva face à face avec le gardien Dupin, qui recula pour éviter la planche dont la position horizontale ne lui permit pas de voir un profil qu'il aurait trop bien reconnu. Le prince franchit ensuite les deux portes du guichet en passant derrière Issalé, pendant que Thélin le retenait à causer; puis il s'élança dans la cour. Alors un garçon serrurier qui était descendu immédiatement après lui et qui le suivait de très-près, se mit à hâter le pas pour lui adresser la parole; mais Thélin l'appela, et, comme il était l'homme aux prétextes, celui qu'il improvisa l'engagea à remonter.

» Au moment où le prince passait devant la première sentinelle, la pipe glissa de sa bouche et tomba aux pieds du soldat. Sans se déconcerter, il s'arrêta et se baissa pour la ramasser; le soldat le regarda machinalement et sans y avoir autrement porté attention, il reprit sa marche monotone. Ce fut presque un miracle que, malgré son déguisement, le prisonnier, dont le signalement avait été là principale étude de quiconque de loin ou de près avait mission de veiller sur lui, pût éviter d'être reconnu. A chaque pas, pour ainsi dire, il y avait quelqu'un d'intéressé à le découvrir. A la hauteur de la cantine, il passa tout près de l'officier de garde qui lisait une lettre, et plus près encore peut-être du garde du génie et de l'entrepreneur des travaux qui, un peu plus loin, étaient également occupés à examiner des papiers. Son chemin obligé le conduisit au milieu d'une vingtaine de soldats qui se réchauffaient au soleil, devant le corps de garde ; le tambour regarda d'un air moqueur l'homme à la planche que la sentinelle ne parut pas même apercevoir.

» Le portier-consigne était sur la porte de sa loge d'où il dirigeait ses regards vers Thélin, qui se tenait toujours en arrière et s'efforçait d'attirer l'attention, en jouant bruyamment avec *Ham* qu'il menait en laisse. Le sergent de planton posté à côté du guichet regarda fixement le prince, mais cet examen fut interrompu par un mouvement de la planche dont l'une des extrémités, pointée sur la figure du soldat qui tenait le verrou, l'obligea à se ranger. Il ouvrit aussitôt la porte en détournant la tête ; le prince sortit et la grille se referma. Thélin alors souhaita le bonjour au portier-consigne et sortit à son tour.

» Entre les deux ponts-levis, le prince vit venir droit à lui, du côté où son visage n'était pas caché par la planche, deux ouvriers qui, de la distance où ils étaient, le considéraient d'une façon d'autant plus inquiétante, qu'en élevant la voix ils manifestaient leur étonnement de rencontrer en ce lieu un menuisier qui ne fut pas de leur connaissance. Peut-être leur surprise se bornerait-elle à cette simple expression, sans qu'ils en vinssent à un éclaircissement. Dans cette supposition, le prince fit la seule chose qu'il y eût à faire : feignant d'être fatigué de porter la planche sur l'épaule droite, il la plaça sur l'épaule gauche ; mais ces hommes paraissaient si curieux, qu'un instant il crut ne pas pouvoir leur échapper... Dieu qu'allait-il devenir ? Que ferait-il s'il était découvert ? Enfin ils étaient tout près de lui, et ils semblaient s'apprêter à lui parler, lorsqu'il eut la satisfaction de les entendre s'écrier : « *Ah! c'est Berthoud!* » Oui, c'était Berthoud pour eux, et le prince était sauvé ! et il devait à une inconcevable méprise d'être pour toujours, du moins il l'espérait, hors de ces murs dans lesquels il avait été enfermé cinq ans et neuf mois.

» Le prince ne connaissait pas la ville de Ham; mais un plan qu'en avait fait le docteur Conneau lui servait à se guider. Il prit sans hésiter le che min qui devait, par les remparts, le conduire à la route de Saint-Quentin, tandis que Thélin allait chercher le cabriolet retenu la veille.

» Le prince avait hâté le pas, et, malgré ses sabots, il était arrivé à une demi-lieue de la ville, près du cimetière Saint-Sulpice. Là, il attendait la voiture que devait amener son fidèle Thélin. Une pauvre croix de bois s'élevait au milieu de ce champ du repos. Le fugitif se prosterna au pied de cette croix et remercia du fond de son cœur, le Dieu qui venait de le conduire, comme par la main, à travers tant de dangers.

» Cependant on entend un bruit de voiture : Thélin paraît... c'est lui, lui seul, ainsi qu'on en est convenu, qui amène le cabriolet. Le prince va se débarrasser de sa planche, mais il aperçoit une autre voiture qui vient du côté de Saint-Quentin ; il continue alors à marcher pour laisser le temps à celle-ci de dépasser Thélin, qui avait également ralenti sa marche. Enfin le prince ayant caché dans un champ de blé cette planche, *véritable planche de salut*, il s'élança dans le cabriolet, secoua la poussière dont il était couvert, ôta ses sabots qu'il jeta dans un fossé, et, pour commencer son nouveau rôle, qui était celui de cocher, il saisit les rênes et se mit à conduire. En ce moment, les deux voyageurs virent déboucher du village de Saint-Sulpice, et accourir au grand trot, deux gendarmes de Ham. Pour eux, c'était une alerte, mais ils ne tardèrent pas à se rassurer ; car pendant que le cabriolet filait, les deux cavaliers, qui ne songeaient pas à l'atteindre, prirent, derrière eux, la route de Péronne.

» Les cinq lieues qui séparaient Ham de Saint-Quentin, furent franchies rapidement. Thélin, à chaque rencontre, cachait sa figure avec son mouchoir, ce qui ne l'empêcha pas, a-t-on dit depuis, d'être reconnu par plusieurs personnes et notamment par le président du tribunal de Saint-Quentin, qui se rendait à Ham. On assure, en outre qu'une bonne femme, qui avait souvent remarqué le valet de chambre du prince, ne pouvait revenir de sa surprise de l'avoir vu accompagné d'un homme aussi mal vêtu. Aux approches de Saint-Quentin, le prince quitta toute sa défroque de menuisier et ne garda que la perruque noire. Il remplaça sa vieille casquette par une casquette à bords galonnés, et passa sur son vêtement une petite blouse plus propre que celle qu'il portait auparavant. Bientôt après, il descendit de cabriolet pour faire, à pied, le tour de la ville et gagner la route de Cambrai, sur laquelle Thélin devait venir le rejoindre avec des chevaux frais.

» Le maître de poste, M. Abric, venait de sortir;

mais Thélin, qui était également connu de madame Abric, lui dit qu'ayant affaire à Cambrai et désirant revenir de bonne heure, il la priait de faire atteler le plus promptement possible une chaise de poste ; il lui demanda en même temps la permission de laisser chez elle son cheval et son cabriolet. Madame Abric mit le plus grand empressement à faire servir Thélin à qui elle offrit obligeamment la petite voiture de son mari.

» Cette dame voulait à toute force retenir Thélin à déjeuner ; mais à la fin, ne doutant plus qu'il ne fût très-pressé, elle craignit d'insister davantage. Cependant le voyageur, tout en s'excusant de ne pouvoir accepter, avait loué avec une complaisance extrême, la bonne mine d'un pâté froid qui se trouvait sur la table. Il fallut qu'il en emportât une tranche qui, soigneusement enveloppée, fournit bientôt après au prince un déjeuner que sa longue promenade à pied l'avait parfaitement disposé à trouver délicieux.

» Thélin, malgré son impatience et la bonne grâce de madame Abric, n'osait pas trop presser à la poste, de peur d'éveiller des soupçons. Aussi le prince était-il depuis longtemps sur la route de Cambrai, où il commençait à s'inquiéter de ce que la voiture ne venait pas. Il se figura un moment qu'elle l'avait peut-être dépassé, pendant qu'il traversait les boulevards, et voyant un monsieur s'approcher, dans une voiture, sur la route de Cambrai, il lui demanda s'il n'avait pas rencontré une chaise de poste. Ce monsieur, qui lui répondit négativement, était le procureur du roi de Saint-Quentin. Assis sur le bord du chemin, le prince sentait à chaque instant redoubler son inquiétude, lorsque enfin, tout près de lui, se fit un léger bruit : c'était son petit chien qui, précédant d'assez loin la voiture, lui annonçait son arrivée. En effet, le petit cabriolet de M. Abric, attelé de deux bons chevaux ne tarda pas à paraître ; le prince y monta et le postillon partit au galop.

» Les voyageurs tâchaient de gagner de l'avance engageant par tous les moyens possibles le postillon à pousser ses chevaux. Celui-ci, impatienté de leurs recommandations, finit par leur dire énergiquement : « *Vous m'embêtez,* » mais il n'en continua pas moins à brûler le pavé. Pendant qu'on changeait de chevaux au premier relais, un cavalier en bonnet de police arriva au galop ; on le prit pour un gendarme, et le prince se disposait à l'éviter, lorsqu'on reconnut que c'était un sous-officier de la garde nationale. Aucun accident ne survint jusqu'à Valenciennes où, grâce à la puissance des gros pour-boire prodigués aux postillons, on arriva à deux heures un quart. Ce fut là seulement qu'on demanda les passe-ports. Thélin montra celui du courrier anglais, et le prince n'eut pas besoin d'exhiber le sien.

» Il était maintenant hors de toute probabilité que l'on pût rejoindre le fugitif. Toutefois, Thélin n'était pas encore parfaitement rassuré ; aussi ne laissa-t-il pas d'avoir constamment l'œil au guet, afin de voir les gendarmes s'il s'en présentait, et de ne pas être surpris par eux. Pendant qu'il supposait que sa vigilance ne pouvait pas être mise en défaut, tout à coup il s'entend nommer, se retourne et reconnaît... qui ? un gendarme de Ham sous des habits bourgeois. C'était une terrible apparition, et à laquelle le brave Thélin était loin de s'attendre ; cependant il ne perdit pas contenance, et rien ne parut, dans ses traits, d'une appréhension qui ne semblait que trop justifiée. Que voulait cet homme? Que faisait-il à Valenciennes? Sans doute, on l'avait expédié en toute hâte, et ce n'était pas sans motif qu'il s'était travesti... sa transformation était du plus sinistre augure ; certes, il y avait bien là de quoi trembler ! Enfin, tout s'éclaircit dans le sens d'une panique. Après avoir demandé des nouvelles de la santé du prince à Thélin dont il s'était rapproché, le gendarme lui apprit qu'il avait quitté la gendarmerie pour un emploi à cette même station du chemin de fer. »

Bientôt le prisonnier de Ham fut à Bruxelles, puis à Ostende, et enfin en Angleterre. Il était libre ! la captivité n'était déjà plus qu'un souvenir ; mais l'exil allait recommencer avec ses ennuis et ses persécutions.

Revenons maintenant à la prison de Ham. Le docteur Conneau, ami dévoué du prince, homme modeste et charitable qui ne profite de la haute confiance que lui a méritée son dévouement, que pour faire du bien, s'était chargé de cacher aussi longtemps que possible le départ du prisonnier, laissons le parler lui-même.

« En cherchant à dissimuler le départ du prince mon intention était de lui procurer, s'il était possible, vingt-quatre heures d'avance sur les ordres qui seraient expédiés dès qu'on saurait l'événement. Je commençai par fermer la porte de communication entre la chambre à coucher du Prince et son salon ; j'allumai un grand feu, bien qu'il fît extrêmement chaud ; je voulais faire supposer que le Prince était malade. Dans ce but, je mis des cafetières au feu et je dis à l'homme de peine que le Prince était indisposé. Vers huit heures, on apporta de la diligence un paquet de plantes de violettes. Je recommandai au gardien d'aller disposer des pots avec de la terre pour la plantation, et je l'empêchai d'entrer dans le salon du Prince. Vers huit heures et demie, l'homme de peine Laplace était venu me demander où l'on déjeunerait ; je lui répondis : Dans ma chambre. « En ce cas, me dit-il, je vais y faire porter la » grande table. — Non, lui dis-je, c'est inutile, le général Montholon est malade, il ne déjeunera pas avec nous.

» Je souhaitais ainsi pousser jusqu'au lendemain. J'avais dis que le Prince avait pris un remède ; il fallait nécessairement que ce remède fut pris. Je m'exécutai. Je devais faire prendre aussi un bain. — Impossible à cause des ouvriers. Je songeai alors à un vomitif ; j'essayai de remplir les fonctions de malade, jamais je n'y pus parvenir. Afin de produire une illusion, je jetai dans un pot du café avec de la mie de pain que j'avais fait bouillir, et j'ajoutai au tout de l'acide nitrique, ce qui produisit une odeur assez désagréable. L'homme de peine dut alors bien se persuader que l'indisposition du Prince était réelle.

» Le commandant s'était déjà présenté, il avait été averti de la maladie du Prince. Vers midi et demi, je le vis pour la seconde fois. et je lui appris qu'il était plus calme. Après avoir regardé les travaux, il m'offrit de m'envoyer son domestique à cause du départ de M. Thélin. Vers une heure, je dis à Laplace de venir faire le lit du Prince. Toutes les fois que je sortais du petit salon où le Prince était censé reposer sur un canapé, je feignais de lui parler, l'homme de peine cependant ne m'entendit pas, ce qui prouve qu'il n'avait pas le sens de l'ouïe très-délié.

» Jusqu'à sept heures et un quart, la journée se passa assez bien. A ce moment, le commandant entra d'un air un peu effaré. « Comman-» dant, lui dis-je, le Prince va un peu mieux. » — Si le Prince est souffrant, s'écria-t-il, il faut que je lui parle, il faut que je parle au Prince ! J'avais disposé une sorte de mannequin et l'avais placé dans le lit du Prince. Une forme de tête que j'avais arrangée était posée sur l'oreiller. — J'appelai le Prince, et *naturellement* le Prince ne répondit pas.

» Je revins vers le commandant à qui je fis signe qu'il dormait. Alors le commandant, qui ne comprenait rien à ce sommeil, ne crut pas devoir s'en tenir là. Il s'assit dans le salon, en disant : Le Prince ne dormira pas toujours, je vais attendre. L'instant d'après, il me fit observer que l'heure de l'arrivée des diligences étant passée, il était étrange que Thélin ne fût pas encore de retour. Je lui expliquai qu'il avait pris un cabriolet.

Le tambour battit ; le commandant se leva et dit. Le Prince a remué dans son lit, il se réveille. » Le commandant prêtait l'oreille, il n'entendait pas respirer. — Oh! je vous en prie, lui dis-je, laissez-le dormir. Il s'approcha du lit et trouva le mannequin. Il se tourna vers moi en s'écriant: Le Prince est parti ? — Oui. — A quelle heure ? — A sept heures du matin. »

Le commandant parut comme frappé de la foudre ; mais, atterré au premier moment, il se remit presque aussitôt, et, il faut le dire à sa louange, il supporta ce coup, qui brisait son avenir et ses rêves d'ambition, avec le courage d'un vieux soldat dont une balle ennemie a brisé la carrière.. Revenu de son étonnement, il n'adressa au docteur Conneau aucune expression de colère, aucun mot injurieux. — Vous m'avez bien trompé, lui dit-il, c'était votre rôle. Quant à moi, j'ai fait mon devoir, et je le ferai jusqu'au bout !... Et il s'élança hors de la chambre. Il appela alors les gardiens, et, sans entrer dans aucune explication, il leur ordonna de garder à vue le docteur. Il ferma immédiatement les portes de la prison, mit les clefs dans sa poche, consigna la troupe, avertit la gendarmerie, envoya des estafettes à Paris, à Amiens, à Péronne, et fit lever les ponts-levis de la citadelle. Ces dispositions prises, le commandant alla raconter l'événement à sa femme, qui, à cette nouvelle, tomba sans connaissance.

C'est ici le lieu de retracer une scène presque burlesque qui compléta le drame de cette journée si heureuse pour les uns, si malheureuse pour quelques autres. Pendant que le docteur Conneau était resté tête à tête avec les gardiens, ces deux hommes, inquiets de l'ordre qu'ils avaient reçu du commandant, ne sachant pas quelle était la raison de toutes ces mesures extraordinaires qu'ils voyaient prendre, demandèrent au docteur ce qu'il y avait de nouveau. — Comment? vous ne le savez pas, s'écria le docteur, le Prince est parti! — Impossible! nous étions de garde au bas de l'escalier, et nous n'avons pas bougé de notre poste. — Eh bien, il a passé devant vous. — Quand cela! — Ce matin. — Encore une fois cela ne se peut pas, nous l'aurions bien reconnu. — Il a passé en ouvrier, et il portait une planche sur l'épaule. — Nous n'avons pas vu d'ouvrier avec une planche sur l'épaule. — Pourtant, c'est un fait et je vous l'affirme. — Alors l'un des gardiens, père de famille, se prit à pleurer, tandis que l'autre, vieux soldat et garçon, partit d'un grand éclat de rire. — Ah! ma foi, s'écria-t-il, c'est une bonne farce. »

Le docteur Conneau, aujourd'hui médecin de

l'Empereur, fut cité devant les tribunaux, et il fut condamné à deux mois de prison et le fidèle Thélin, coutumace, à six mois. On remarqua surtout cet admirable passage de la défense du docteur.

« M. Conneau a bien agi. En vain vous fermeriez vos yeux pour ne pas voir; en vain vous fermeriez vos cœurs pour ne pas sentir...

» La reine Hortense n'est plus! elle repose près de Paris, dans la modeste église d'un humble village, sous un marbre glacé. Le père existe encore et est à Florence, il est seul, car il n'a qu'un fils, et le fils est en prison. La mort approche peut-être, faudra-t-il que le vieillard agite ses bras convulsifs, sans pouvoir embrasser son fils. Faudra-t-il que le vieillard appelle d'une voix déchirante et brisée, sans que son fils puisse lui répondre, ces conjonctures sont cruelles, épouvantables .... Eh bien M. Conneau a voulu que le père et la mère fussent égaux devant la mort, il a voulu que comme la mère, le père mourut dans les bras de son fils. Est-ce une action coupable, messieurs, répondez-moi, et rappelez-vous, que ce qui serait une vertu dans le ciel ne peut être coupable sur la terre. »

CHAPITRE IV.

Révolution de Février. — Présidence de
Louis-Napoléon.

CHAPITRE IV.

Révolution de Février. — Présidence de Louis-Napoléon.

Louis-Napoléon n'était plus en prison, mais il n'était pas libre, on lui ferma le passage de l'Italie, et il ne put aller embrasser son père mourant : aussi quand arriva la fatale nouvelle, son affliction fut extrême ; les personnes qui étaient près de lui en ce moment garderont un long souvenir de leurs impressions. Son cœur saignait et une brûlante effusion de larmes fut seule capable de le soulager un peu...

Sur ces entrefaites, un grand événement s'accomplit en France, le trône de Louis-Philippe était tombé on ne sait comment, et la république avait été proclamée. A cette nouvelle le cœur du Prince bondit de joie, et il accourut à Paris, pour se mettre à la disposition du gouvernement provisoire, mais déjà le pouvoir nouveau avait peur de lui, et on lui fit entendre que sa présence sur le sol français, pouvait être un embarras : comme il voulait avant tout le bonheur de sa patrie, il reprit la route de l'exil. Le peuple sut apprécier ce dévouement, et au mois de juin deux cent mille électeurs déposèrent son nom dans l'urne électorale. On voulut contester la validité de son élection ; mais il sortit victorieux de la lutte. Cependant il ne se rendit pas immédiatement à son poste, et en cela il donna encore une nouvelle preuve de son patriotisme. Bientôt cinq départements l'élurent à une formidable majorité, et, dans la séance du 26 septembre 1848, le président proclama l'admission *du citoyen Louis-Napoléon Bonaparte.* C'était un immense pas de fait : dès ce moment, son élection à la présidence était assurée ; mais la lutte fut vive, brûlante ; ses adversaires se servirent de tous les moyens pour le déconsidérer : injustice, déloyauté, calomnie et ridicule, tout fut mis en œuvre. A ces attaques, le prince répondit par une profession de foi où il disait avec franchise ce qu'il était et ce qu'il voulait.

Son manifeste contenait la phrase suivante :

« La République doit être généreuse et avoir foi dans son avenir : aussi, moi qui ai connu l'exil et la captivité, j'appelle de tous mes vœux le jour où la patrie pourra sans danger faire cesser toutes les proscriptions et effacer les dernières traces de nos guerres civiles. »

— « C'est une imprudence, s'écria M. Thiers. L'amnistie, quand le sang de la bataille de juin n'est pas effacé sur le pavé des barricades ! La bourgeoisie va crier haro ! Il s'agit bien d'être généreux : il s'agit d'être habile ! »

Il oubliait que la meilleure politique avec le peuple français c'est celle qui vient du cœur et qui respire l'honnêteté, et c'est celle-là que le prince a suivie.

De tous les points de la France, les ouvriers s'entendirent pour voter pour Louis-Napoléon. Voici la réponse qu'il fit à une lettre dans laquelle on lui offrait huit mille suffrages :

« Citoyens,

» De tous les témoignages qui m'arrivent, aucun

ne m'a touché plus vivement que le vôtre. Il m'a prouvé que vous avez bien compris les motifs qui m'ont fait accourir sur la glorieuse terre de France. Vous ne m'étonnez pas en me signalant les départements. Je n'y oppose que la droiture de ma conscience, et je me sens assez fort, avec les seuls appuis que je réclame : le bon sens du peuple et l'héritage de mon nom. Répondez à ceux qui vous parlent de mon ambition, que j'en ai une grande, en effet : celle d'arracher la France au chaos de l'anarchie, et de la rétablir dans sa grandeur morale en même temps que dans sa liberté.

» Les ouvriers de Troyes, dont vous êtes les interprètes, doivent savoir que, dans l'exil et la prison, j'ai médité sur les grandes questions du travail qui préoccupent les sociétés modernes. Ils doivent croire que de telles études ont laissé en moi des traces ineffaçables, et que d'aussi sérieux intérêts me seront toujours chers.

» Dites-leur à tous que je les remercie de leur confiance ; mon cœur m'assure que j'en suis digne, et l'avenir prouvera que j'aurai su la mériter.

» Recevez, etc.,
» Louis-Napoléon Bonaparte. »

Le mouvement était donné, et il renversa tout

dans sa marche; en vain les gens d'esprit, les savants, les politiques, enfin tous ceux qui croient mener le monde, essayèrent de l'arrêter; le peuple resta impassible; il écouta tout et n'en fit rien, et près de six millions d'hommes jetèrent son nom dans l'urne électorale. Si jamais la voix du peuple fut la voix de Dieu, c'est bien en cette circonstance qu'il est permis de le dire.

Plus d'une fois le paysan, pour se défendre, fit preuve de bon sens et de malice :

— « Pour qui allez-vous voter, mon bon homme? disait un bourgeois à un paysan. — Je ne sais pas, répondit le malin paysan, on va voir... — Ne votez pas pour Louis-Napoléon, ajouta le bourgeois, c'est un homme incapable. — Ah! c'est un homme incapable, eh bien alors, c'est pour lui que je vais voter; il y a bien longtemps qu'on nous dit que la machine est menée par des gens d'esprit et ça va toujours de plus en plus mal, essayons de ceux qui n'en ont pas, ça ira peut-être mieux. »

Louis-Napoléon était arrivé au pouvoir, mais sa position était difficile, et pour mieux apprécier les services qu'il a rendus au pays, jetons un coup d'œil sur les épreuves que la France venait de traverser.

Quand le danger a disparu on oublie trop souvent qui nous en a délivrés.

L'année avait été malheureuse. La terreur avait chassé la confiance, arrêté la circulation de l'argent. Le travail manquait aux bras. Le commerce était nul. Un impôt de 45 centimes pesait sur l'agriculture ; l'argent des ouvriers avait été retenu aux caisses d'épargne ; l'on avait créé des ateliers nationaux où les hommes étaient payés pour ne rien faire. Des journaux hideux s'étaient vendus publiquement : le *Père Duchêne*, le *Lampion*, le *Journal de la canaille*.

Dans les clubs, des hommes avaient fait des propositions atroces et ridicules. — Citoyens, dit un orateur, je demande la mort de tous les aristocrates et le partage des biens... Allons chez les riches et faisons-nous justice nous-mêmes. Savez-vous comment il faut y procéder. Y a-t-il ici un aristocrate ? voyons, qu'on me l'amène. Je ne fais que comme ça (il fait le signe d'ôter un poignard), et psitt ! et je foule sa tête sous mes pieds. On agit comme cela avec tous les aristocrates, les prêtres et tous les mauvais citoyens. Voilà ma devise. »

Un autre disait : « Citoyens, je connais un sergent qui a été puni injustement ; son capitaine l'a mis à la salle de police. Je demande donc qu'à l'instant même on le fasse mettre en liberté ; quant au capitaine, je demande qu'on nous l'amène ici ; nous le couperons en morceaux et chacun de nous en emportera un morceau chez soi. Voilà ma motion. »

C'était le temps des orateurs de cabaret, des diplomates de carrefour, le temps où des hommes qui ne possédaient ni un sou ni une chemise, prétendaient disposer à leur gré du trône de Louis XIV et de Napoléon. Aussi le sang avait coulé à flots dans la rue... Voilà de quelles épreuves sortait la France quand Louis-Napoléon l'a pour ainsi dire recueillie dans ses bras; et quoique toujours il n'ait pu lui faire tout le bien que son cœur méditait, il lui a néanmoins redonné la prospérité et la paix. Le commerce a repris, le travail a moins manqué, la confiance est revenue. Il réprima les mauvaises passions, fit fermer les clubs, donna la liberté d'enseignement, rétablit le souverain-pontife sur son trône, eut sans cesse le bien des masses en vue; aussi, le 10 avril 1849, il écrivit à son cousin : *Tu me connais assez pour savoir que je ne subirai jamais l'ascendant de qui que ce soit, et que je m'efforcerai sans cesse de gouverner dans l'intérêt des masses et non dans l'intérêt d'un parti...* Il a grandement réalisé la prophétie du maréchal Bugeaud sur son lit de mort, dans la visite que le président vint lui faire : « Je suis bien aise de vous voir, » prince, lui disait-il en serrant affectueusement

» de ses mains mourantes celles du Président ;
» vous avez une grande mission à remplir. Vous
» sauverez la France avec l'union et le concours
» de tous les gens de bien. Dieu ne m'a pas jugé
» digne de rester ici-bas pour vous aider. Je me
» sens mourir. »

— « Tout n'est pas désespéré, lui répondit le
» Président, douloureusement ému et pouvant à
» peine dérober ses larmes ; j'ai besoin de vous
» pour accomplir ma tâche, et Dieu vous conser-
» vera ! »

Sur un signe du malade, les personnes présentes se retirèrent, et un entretien d'environ dix minutes eut lieu entre le prince et l'illustre mourant.

En sortant, le prince, plus ému encore et roulant de grosses larmes dans ses yeux, ajouta : « Je viendrai vous revoir. » Le maréchal lui répondit : « Vous avez d'autres devoirs à accomplir, merci, je sens que tout est fini pour moi. »

Quelques heures après le maréchal avait cessé de vivre, il avait succombé victime du choléra.

Le terrible fléau n'effraya pas le Président de la république. Il s'empressa d'aller visiter les hôpitaux : l'Hôtel-Dieu, le Val-de-Grâce et la Salpétrière, ceux que l'épidémie a le plus cruellement frappés.

A l'Hôtel-Dieu, il parcourt toutes les salles occupées par les cholériques, s'arrête devant le lit de plusieurs de ces malheureux pour les consoler et les encourager ; il les interroge avec bonté sur leur position et leur promet de s'intéresser à eux ou à leurs familles. Les malades, les mourants même se dressent sur leur lit pour le remercier et le saluer. Le président de la République félicite très-vivement le directeur, les médecins et les sœurs de charité de ce vaste établissement, pour les soins si intelligents qu'ils n'ont cessé de prodiguer aux malades et pour le dévouement si méritoire dont ils ont donné tant de preuves depuis le commencement de l'épidémie. « Vous venez, leur a-t-il dit, d'ajouter une belle page de plus à l'histoire de la science et à celle de l'humanité. »

A la Salpétrière, il parcourt également toutes les salles occupées par les cholériques, et remercie très-vivement, au nom du peuple, les employés de cet hospice pour les soins si touchants et si dévoués qu'ils ont prodigués à tant de misères, pour l'abnégation si admirable qu'ils ont montrée dans ces tristes journées, où le chiffre des victimes s'est élevé jusqu'à 1,100 dans ce seul établissement.

Au Val-de-Grâce, M. le chirurgien en chef Baudens lui présente, dans une des salles de son service, le voltigeur Gruveilher, du 62ᵉ de ligne, blessé de deux coups de feu dans la journée du 13 juin, à l'une des barricades des Arts-et-Métiers. Le président de la République prend la décoration de la Légion d'honneur d'un de ses officiers d'ordonnance et la dépose sur le lit du blessé dont les yeux se sont aussitôt remplis de larmes d'attendrissement et de reconnaissance.

Il accorde également la décoration au caporal infirmier Boffard, qui lui est signalé par le ministre de la guerre comme ayant fait preuve, pendant toute l'épidémie, du plus remarquable dévouement.

En lui donnant cette décoration, il lui dit : « Qu'il n'est pas moins glorieux d'affronter ainsi la mort sans gloire de l'hôpital, en secourant ses semblables, que la mort glorieuse du champ de bataille. »

Voilà ce que faisait le Président de la République pendant que le terrible fléau ravageait la France.

Que dire de sa charité, elle est connue de tout le monde. Quoique pourtant, suivant la prescription évangélique, sa main gauche ait souvent ignoré le bien qu'avait fait la main droite ; quoique ses revenus fussent relativement peu considérables, il répandait de larges aumônes. Un jour un des hommes de confiance de l'Elysée, exposait au Prince la misère d'une famille où se trouvaient cinq enfants. Eh bien ! que lui faut-il, répondit le Prince ? — Cinquante francs, je pense, Monseigneur ! — Allons donc, répliqua le Président, cinquante francs pour une famille qui a cinq enfants, mettez deux cents francs. On sait qu'une espèce d'imbécile essaya de tirer un coup de pistolet sur le Président; le soir même, la mère de ce malheureux écrivit au Prince pour lui demander pardon pour son fils; en même temps elle lui exposait sa profonde misère. Sur-le-champ il lui fit expédier deux cents francs.

Sans cesse, dans ses discours, il fit appel à la conciliation : « Soyons amis, dit-il à Nantes, oublions toute cause de discussion, soyons dévoués à l'ordre et aux grands intérêts de notre pays, et bientôt nous serons encore la grande nation par les arts, par l'industrie, par le commerce. » — Cet appel, les partis ne voulurent pas l'entendre...

CHAPITRE V.

2 Décembre.

CHAPITRE V.

2 Décembre.

Cependant la position du Président n'était pas tenable. La chambre lui liait les mains, de sorte qu'il ne pouvait ni faire du bien, ni gouverner; on parlait même de l'enfermer à Vincennes; tout languissait, l'industrie, le travail, le commerce et l'agriculture. On attendait avec épouvante le mois de mai 1852... on entrevoyait de grands malheurs...

la guerre civile, le meurtre, le sang, la ruine !...
et pendant ce temps-là la chambre se querelle....
s'agite, intrigue, perd son temps et néanmoins
empoche les 25 francs. Le peuple en était réduit à
dire non : oh ! si *Louis-Napoléon savait, mais : Oh !
si Louis-Napoléon pouvait.*

La patience du Prince était à bout. Or, un beau
jour (2 décembre 1851) il fit fermer la chambre et
mit les députés en vacances, se réservant de soumettre sa conduite à la nation. Ce qui voulait leur
dire ceci : Mes amis, la France souffre et vous
passez votre temps à parler, vous ne faites pas de
bien et vous ne permettez pas aux autres d'en
faire. Cependant vous êtes bien payés; permettez,
il faut que je demande au peuple Français, qui est
votre maître à vous et à moi, s'il est d'avis que
cet abus se prolonge, ou si j'ai raison de le faire
cesser ; et le peuple Français lui a répondu par la
grande et magnifique voix de sept millions cinq
cent mille hommes : C'est bien, continuez... Voilà
l'histoire du coup d'État.

La chose ne se fit pas sans résistance, on
le comprend; mais l'armée se montra héroïque.
Le 2 décembre, à dix heures du matin, le Président était à cheval et parcourait les rangs de
nos braves soldats; aux cris cent mille fois répétés de : Vive Napoléon. — Vive M. le Pré-

sident. Il réalisait cette parole qu'il avait prononcée ailleurs. Je ne vous dirai pas « Marchez, je vous suis, mais je vous dirai : Je marche, suivez-moi. »

Il est vrai, il y eût du sang de versé, le sang français coula sur le pavé des rues, c'est toujours un affreux malheur, mais il y en eut bien moins que certains hommes n'ont voulu dire; le peuple, le vrai peuple, les braves travailleurs ne prirent aucune part à la lutte, au contraire, chacun se réjouissait de ce qui était arrivé, et applaudissait au courage et à la fermeté du Président de la République. On dit même que le célèbre Lagrange voyant arriver à Mazas, le général Le Flô qui avait revêtu son grand uniforme, lui adressa en riant cette parole : « Nous voulions le mettre dedans, c'est lui qui nous y a mis. Ma foi, mon général, c'est bien joué. »

La France, en quelques jours, s'était débarrassée des terreurs qui l'accablaient. La paix était faite, la confiance était revenue, le pas du mois de mai était franchi, et c'était Louis-Napoléon qui avait fait tout cela. Il était temps : sans lui, que fussions-nous devenus. On a pu en deviner quelque chose par ce qui s'est passé dans plusieurs départements. A Bédaricux, les émeutiers eurent le courage de faire un festin, ou plutôt une infernale orgie, auprès de quatre cadavres qu'ils venaient de tuer, sans parler des actes de sauvagerie qui accompagnèrent ces meurtres.

A Clamecy, le directeur de l'école mutuelle est tué, un avocat est assassiné et un enfant de 13 ans est massacré. Je m'arrête, je ne veux pas parler du reste : ah ! puissé-je plutôt effacer tout cela de mon sang des pages de notre histoire. Nous sommes garantis, la paix est faite, le calme est rétabli, la patrie est sauvée.

Aussi le vœu de la France connu, Louis-Napoléon alla remercier Dieu de la force et de la prudence qu'il lui avait prêtées, un solennel *Te Deum* fut chanté le 1er janvier à la métropole où il édifia tous les spectateurs par sa tenue digne et pieuse. On voyait sur sa figure, dit un témoin oculaire, qu'il était convaincu que Dieu s'était servi de lui comme d'un instrument pour sauver la France.

Arrivé au pouvoir souverain, le prince ne s'en est servi que pour faire du bien. Certes, il ne s'est pas reposé, il a au contraire mis partout le mouvement et la vie. L'agriculture s'est relevée, d'immenses travaux ont été entrepris, des chemins de fer ont été tracés, les bras manquent au travail, les mœurs ont été améliorées, la religion protégée, le Panthéon a été rendu au culte.

Nul mérite ne lui est échappé, si humble qu'il soit et si grandes précautions qu'il prenne pour se cacher.

Il y a, à Paris, une bonne et sainte femme qui se dévoue au soin des pauvres et des malades depuis plus de 40 ans dans le plus misérable quartier de la capitale. C'est une sœur de charité, elle s'appelle sœur Rosalie; tout le monde la connaît et tout le monde l'aime, sa vie est vraiment admirable ; elle est de toutes les fêtes ou plutôt de toutes les bagares du quartier ; elle se trouve dans toutes les émeutes ; comme un ange de paix pour calmer les combattants, et elle est écoutée.

Un jour il y avait une petite révolte causée par la misère. Les gendarmes furent bientôt victorieux, et comme ils avaient été mal menés, ils frappaient fort et dru. La sœur Rosalie se jeta au-devant d'eux, et au milieu de la confusion, leur crie : « Eh ! vous autres, pas tant de coups s'il vous plaît, sachez un peu que ventre affamé n'a pas d'oreilles ! peut-être un jour l'éprouverez-vous vous-mêmes. »

Dans les terribles journées de juin 1848, un capitaine de la garde mobile, fait prisonnier par les insurgés, fut conduit dans la cour des sœurs du 12e arrondissement pour être fusillé, lorsque la sœur Rosalie se jeta résolument en travers des fusils.

Arrêtez! s'écria-t-elle, c'est ici la maison de Dieu, un crime la souillerait ; la mort de cet homme vous porterait malheur... Vous avez raison, ma sœur, vous avez été bonne pour nous ; nous ne voulons pas vous faire de peine. Nous allons emmener le prisonnier et le fusiller dans la rue, vous ne le verrez pas.

— Non, mes amis ; cet homme m'appartient, il ne doit pas sortir d'ici. Au nom des services que nous vous avons rendus, au nom de vos femmes et de vos enfants, je le réclame. Qu'il soit notre prisonnier !

Pendant deux heures, la courageuse et noble sœur lutta, sans faiblir un instant, contre les insurgés qu'elle ne pouvait convaincre, empêchant le crime par sa présence et sa fermeté, lorsqu'une vive fusillade lui vint en aide comme un argument suprême. La supérieure profita du premier moment de trouble et d'hésitation pour porter le pauvre officier dans la pharmacie, dont elle ferma la porte, et l'ayant déguisé à la hâte, elle parvint à le dérober à ses meurtriers.

Eh bien, c'est cette sœur à laquelle le Président a donné la décoration de la Légion d'honneur ; ce n'était pas assez, le ministre de la guerre, lui-même, le général Saint-Arnaud, est allé porter la croix avec une bonne aumône pour les pauvres, à cette mère des ouvriers et des malades.

Deux autres sœurs de charité ont encore été décorées...

En un mot, le Prince n'oublie personne, il a de bonnes paroles et des secours pour tous. Il en a pour les pauvres, pour les inondés, pour les incendiés, pour les vieux soldats, pour les parents mêmes des transportés, pour les églises, pour les hôpitaux : rien n'est oublié.

Il faut le voir surtout dans ses voyages au milieu de son peuple, car c'est bien son peuple, il cause avec lui, il l'aime et il en est aimé....

Il dit qu'il est heureux de se mettre en contact avec ce peuple qui l'a élu. A Strasbourg, je suis venu, dit-il, non pour recevoir des hommages, mais pour étudier les besoins des masses. A Lyon, vous voyez au milieu de vous un ami.

En quittant Bordeaux, Messieurs, vous m'avez reçu comme un souverain, souvenez-vous de moi comme d'un ami. Mes vrais amis, dit-il ailleurs, ne sont pas seulement dans les palais, mais sous le chaume. Le peuple le comprend, il s'approche de lui et le presse de tous côtés, il lui parle avec abandon.

Dans son dernier voyage de Strasbourg, la voiture du Prince était tellement encombrée par la foule lorsqu'il entrait à Bar-le-Duc qu'elle ne pouvait plus marcher : alors un robuste paysan écartant cette masse à droite et à gauche, s'approche à deux pas du Président, puis se découvrant et portant énergiquement la main sur son cœur, il s'écrie : Mon Prince, nous sommes contents... et tous les visages épanouis semblaient dire : C'est vrai ; il a raison ; nous sommes contents. Louis-Napoléon parut profondément touché de cette démonstration qui venait certainement du fond du cœur...

Sur la route, c'était une acclamation continuelle : les vieillards, les mères élevaient et lui présentaient leurs petits enfants... Le Prince était visiblement ému, et pendant qu'il prenait un peu de repos, un député s'approcha de lui et lui dit : Monseigneur, ne vous semble-t-il pas que toutes ces mères, qui à l'envi vous présentent leurs filles, leurs plus chers trésors, que tous ces vieillards qui élèvent vers vous leurs petits enfants pour qu'ils puissent vous voir de plus près, vous disent par là : nous les plaçons sous votre protection ? — C'est vrai, répondit le Prince avec le profond accent de bonté qui le caractérise, j'ai éprouvé une des plus douces joies de ma vie...

Dans le voyage du midi, qui dans l'espace de

cinq cents lieues, n'a été qu'une longue acclamation, chacun a voulu le voir et lui exposer ses besoins.

A Bourges, le Prince reçut en audience les mariniers du port Saint-Thibaut.

Leur chef s'exprima ainsi :

« Nous venons vous prier, Monseigneur, de ne pas nous oublier et de nous donner du travail : les bateaux à vapeur ont détruit tout le poisson. Les canaux et les chemins de fer, nous avaient fait bien du mal. La République nous avait achevés. Et cependant nous sommes restés des hommes d'ordre, malgré la misère et les mauvaises excitations. Quoi que vous fassiez pour nous, nous ne vous en serons pas moins tout dévoués. *Vive l'Empereur !* »

Le Prince, vivement touché de la confiance avec laquelle ces braves ouvriers étaient venus à lui et des bons sentiments qu'ils exprimaient, leur promit de s'intéresser à leur sort.

A Saint-Etienne, le clergé était nombreux à la soirée de l'Hôtel de Ville, et au moment où le Prince allait sortir, un humble curé de campagne s'approche, l'arrête et lui dit : Prince, que Dieu veille sur vos jours et fasse triompher votre courage pour la grandeur de la France. Napoléon sourit et remercia le bon curé. Celui-ci continua. Ce n'est jamais en vain, Prince, qu'on s'est adressé à votre noble cœur ; au milieu des neiges, des frimats et des *Sibéres* de ma montagne, les voyageurs sont souvent exposés à s'égarer et à perdre la vie; il faudrait une cloche à mon village, une cloche dont le son allât au loin porter l'espérance et le salut au voyageur en détresse, mais je n'ai pu trouver que 200 francs, Prince, et pour arriver, c'est 2,000 francs qui me seraient nécessaires...

Le Prince interrompit le pasteur. Vous aurez votre cloche, M. le curé, dit-il, je vous accorde les 1,800 francs qui vous manquent; puis après l'avoir entretenu quelques instants de ses pauvres, de ses travaux et de ses montagnes, il le congédia ; le bon curé pleurait de joie.

Le lendemain, ce fut fête au village de Graix quand le curé porta la nouvelle; et grâce à lui, les voyageurs perdus dans les neiges, sauront à qui s'adresser pour trouver secours et protection.

A Rive-de-Gier, le Prince est allé seul, au milieu de dix mille ouvriers rassemblés pour fêter sa présence parmi eux. Sa confiance, sa noble simplicité ont excité les plus vifs transports d'enthousiasme.

Au delà de Bourgoin (Isère), pendant que le

Prince montait une côte, il parlait familièrement avec le postillon et lui dit : Que ce pays paraît désert! *C'était bien autre chose, lui répondit le postillon, avant que votre oncle n'eût fait faire une belle route.*

A Marseille, le Prince a profondément remué les âmes, lorsqu'après avoir posé la première pierre d'une église, il fit entendre ces magnifiques paroles :

« Lorsque vous irez dans ce temple appeler la protection du ciel sur les têtes qui vous sont chères, sur les entreprises que vous avez commencées, rappelez-vous celui qui a posé la première pierre de cet édifice, et croyez que, s'identifiant à l'avenir de cette grande cité, il entre par la pensée dans vos prières et dans vos espérances. »

A Toulon, après une longue visite faite au fort Napoléon, situé dans la mer, le soleil s'était couché, la soirée était fraîche, les personnes qui entouraient le Prince cherchaient à le garantir du froid.

Lui, pour se préserver, trouva aussitôt un autre moyen. Il prit la place de l'un des rameurs, et se mit à ramer comme le plus ancien des matelots, laissant ces braves gens dans l'enthousiame de sa noble simplicité et charmés de son adresse.

A la distribution des médailles, faite aux matelots, le Prince touchait la main à tous, et il avait oublié de la toucher à l'un d'eux, celui-ci prit le Président par le bras et lui dit : et moi, Monseigneur, vous ne m'avez pas touché la main ? Vous avez raison, reprend le Prince, et aussitôt il l'embrassa aux cris mille fois répétés de : *Vive l'Empereur!*

Entre Moissac et Agen, des paysans étaient occupés à vendanger, lorsque la voiture du Prince parut. L'un d'eux dit aux autres : Si vous voulez, nous allons arrêter l'Empereur et lui offrir des raisins, ça lui fera plaisir. Approbation générale de la part de tout le monde. Soudain les paysans se placent dans le milieu de la route, et crient à tue-tête : *Vive l'Empereur!* Pas moyen de passer, ils barraient le passage. Le Prince les salua affectueusement et voulut continuer son chemin ; mais tout fut inutile. L'un de ces hommes s'approcha de lui et lui proposa de venir cueillir des raisins. Le Prince, touché des marques d'affection de ces braves gens et forcé pour ainsi dire de s'arrêter, sauta sans plus de façon de sa voiture, et se trouva au milieu d'une foule nombreuse qui criait à pleins poumons: *Vive l'Empereur!* On lui présente un couteau et on lui dit : venez, Prince, cueillir des raisins, *c'est de bon cœur.* Louis-Napoléon prit le couteau, coupa des grappes de raisin, en présenta à ses ministres qui les acceptèrent et les mangèrent ; puis il dit à ces bonnes gens quelques paroles d'affection et remonta en voiture.

A Corteille, la voiture du Prince était entourée par la foule ; or un vieux soldat s'approche et lui dit : Prince, j'ai une grâce à vous demander. Parlez, mon brave, lui fut-il répondu. — Je voudrais vous serrer la main. Et le Président de la façon la plus bienveillante lui tendit la main.

Mais ce qui produisit plus d'émotion, ce fut le discours de Bordeaux. C'est peut-être le plus beau discours que jamais prince ait prononcé, ce fut un événement, et c'est comme l'abrégé de tout le bien qu'il se propose de faire... Il doit être rapporté tout entier.

« L'invitation de la chambre et du commerce de Bordeaux, que j'ai acceptée avec empressement, me fournit l'occasion de remercier votre grande cité de son accueil si cordial, de son hospitalité si pleine de magnificence, et je suis bien aise aussi, vers la fin de mon voyage, de vous faire part des impressions qu'il m'a laissées.

» Le but de mon voyage, vous le savez, était de

connaître par moi-même nos belles provinces, d'approfondir leurs besoins. Il a toutefois donné lieu à un résultat beaucoup plus important.

» En effet, je le dis avec une franchise aussi éloignée de l'orgueil que d'une fausse modestie : jamais peuple n'a témoigné d'une manière plus directe, plus spontanée, plus unanime, la volonté de s'affranchir des préoccupations de l'avenir, en consolidant dans la même main le pouvoir qui lui est sympathique. C'est qu'il connaît, à cette heure, et les trompeuses espérances dont on le berçait et les dangers dont il était menacé.

» Il sait qu'en 1852, la société courait à sa perte, parce que chaque parti se consolait d'avance du naufrage général par l'espoir de planter son drapeau sur les débris qui pourraient surnager. Il me sait gré d'avoir sauvé le vaisseau en arborant seulement le drapeau de la France.

» Désabusé des absurdes théories, le peuple a acquis la conviction que ces réformateurs prétendus n'étaient que des rêveurs, car il y avait toujours disproportion, inconséquence entre leurs moyens et les résultats promis.

» Aujourd'hui la nation m'entoure de ses sympathies, parce que je ne suis pas de la famille des idéologues. Pour faire le bien du pays, il n'est pas besoin d'appliquer de nouveaux systèmes ; mais de donner, avant tout, confiance dans le présent, sécurité dans l'avenir.

» Voilà pourquoi la France semble revenir à l'Empire.

» Il est néanmoins une crainte à laquelle je dois répondre. Par esprit de défiance, certaines personnes se disent : L'Empire, c'est la guerre ! Moi je dis : L'Empire, c'est la paix ! C'est la paix, car la France la désire, et lorsque la France est satisfaite, le monde est tranquille.

» La gloire se lègue bien à titre d'héritage, mais non la guerre. Est-ce que les princes qui s'honoraient justement d'être les petits-fils de Louis XIV ont recommencé ses luttes ?

» La guerre ne se fait pas par plaisir, elle se fait par nécessité. Et à ces époques de transition où, partout, à côté de tant d'éléments de prospérité, germent tant de causes de mort, on peut dire avec vérité : Malheur à celui qui, le premier, donnerait en Europe ce signal d'une collision dont les conséquences seraient incalculables !

» J'en conviens, et cependant j'ai, comme l'Empereur, bien des conquêtes à faire. Je veux, comme lui, conquérir à la conciliation les partis dissidents et ramener dans le courant du grand fleuve populaire les dérivations hostiles qui vont se perdre sans profit pour personne.

» Je veux conquérir à la religion, à la morale, à l'aisance, cette partie encore si nombreuse de la population qui, au milieu d'un pays de foi et de croyance, connaît à peine les préceptes du Christ; qui, au sein de la terre la plus fertile du monde, peut à peine jouir des produits de première nécessité.

» Nous avons d'immenses territoires incultes à défricher, des routes à ouvrir, des ports à creuser, des rivières à rendre navigables, des canaux à terminer, notre réseau de chemins de fer à compléter; nous avons en face de Marseille un vaste royaume à assimiler à la France. Nous avons tous nos grands ports de l'Ouest à rapprocher du continent américain par la rapidité de ces communications qui nous manquent encore. Nous avons enfin partout des ruines à relever, de faux dieux à abattre, des vérités à faire triompher.

» Voilà comment je comprendrais l'Empire, si l'Empire doit s'établir.

» Telles sont les conquêtes que je médite, et vous tous qui m'entourez, qui voulez, comme moi, le bien de notre patrie, vous êtes mes soldats. »

Qui peut mieux dire ?
Et non-seulement Louis-Napoléon parle, mais

il agit. Avant de rentrer à Paris, il a voulu faire une noble action, accomplir la foi jurée en donnant la liberté à Abd-el-Kader... Cet acte pouvait être dangereux, mais la France avait donné sa parole d'honneur... et la France doit savoir combattre, verser son sang, mourir..... mais faillir à l'honneur jamais..... Le Président l'avait bien compris, aussi à peine arrivé à Amboise où une voiture l'attendait, il se rend au château et annonce au prisonnier qu'il va être libre... plus que qui que ce soit, il dut comprendre la joie que devait apporter cette nouvelle...

Enfin, après un mois d'absence, il a fait son entrée solennelle dans Paris, aux acclamations de plus de cinq cent mille hommes accourus pour saluer son retour.

Une chose fut surtout remarquée, c'est sa confiance dans le peuple français, il se tint toujours dix pas en avant de son état-major, sans une seule personne autour de lui...

Depuis, un sénatus-consulte a appelé le peuple français dans ses comices, pour lui demander si c'est vraiment et sincèrement qu'il veut Louis-Napoléon pour son Empereur. Si le peuple dit oui, si la France le veut, si la France l'ordonne, qui pourra y trouver à redire.

Le lecteur ne sera pas fâché de connaître en détail, la vie du Prince, elle est bien remplie, et c'est grandement se tromper que de regarder l'existence des chefs des peuples comme une existence commode et tranquille.

Louis-Napoléon se lève ordinairement à sept heures en été, à huit heures en hiver; on sait qu'il se couche fort avant dans la nuit et que dans dans ces derniers temps plus d'une fois le jour est venu le surprendre au milieu de ses laborieuses études.

Son premier soin est de lire les lettres importantes, il fait ensuite un tour de promenade et revient à neuf heures dans son cabinet de travail ; il règle l'ordre de sa maison, expédie les affaires les plus importantes, parcourt les journaux et enfin donne quelques rares audiences.

Le déjeuner a lieu à onze heures, Louis-Napoléon mange avec une grande sobriété.

Après le déjeuner, vient le conseil des ministres, le prince écoute et n'y prend part que par des paroles décisives ; puis c'est le temps des audiences de chaque jour. Quelquefois, de deux à quatre heures, le Prince sort en voiture ou à cheval. Le dîner a lieu à six heures, et le jour où il n'y a pas réception, il consacre ses soirées au travail ou à l'étude des grandes questions administratives ou politiques... il veut tout savoir, tout examiner, rien ne lui échappe, c'est consciencieusement qu'il s'occupe du bien-être de la France.

Quant à sa physionomie, on en a dit des choses qui ne sont pas exactes ; on a écrit que sa figure était impassible et froide, ne révélait rien de ce qui se passe dans son âme. Au contraire, son visage est empreint de bienveillance, et la bonté de son âme se montre dans son regard et dans son sourire ; il eut fallu le voir à son retour du voyage du midi, au milieu des ovations, en présence de milliers de petits enfants qui criaient : Vive l'Empereur, et au moment où M. le curé de la Madeleine lui adressait quelques paroles, il y avait sur toute sa figure une expression d'indicible bonté : du reste, c'est un homme de cœur, un homme de charité, et les vertus de l'homme montent toujours à son visage, c'est la parole sacrée qui l'a dit...

La preuve qu'il a ce cœur aimant, c'est que partout il a rencontré des hommes qui lui ont tout sacrifié, alors même qu'on croyait qu'il ne pourrait jamais rien leur donner.

Le docteur Conneau, interrogé pour quel motif il avait contribué à l'évasion du Prince et s'était par là exposé lui-même, répondit : *Eh bien ! c'est parce que je l'aime.* Il est peu de personnes en rapport avec lui qui n'aient cédé à l'attrait irrésistible de cette nature d'élite; aussi le vice-président de la République, M. Boulay (de la Meurthe), n'a pu s'empêcher de dire : C'est le *plus honnête homme* que je connaisse.

Cette bonté d'âme se révèle à chaque instant ; nous en avons eu une preuve nouvelle, il y a quelques jours seulement. On sait que les Trappistes rendent de très-grands services à l'agriculture et aux pauvres. Les pères de la Meilleraie avaient une grâce à demander au Prince. Il leur a fait le plus bienveillant accueil, il les a fait asseoir à côté de lui, les a félicités sur tout le bien qu'ils font en charités et sur les progrès agricoles que l'on doit à leurs travaux. Les bons religieux, d'abord saisis de crainte à la vue du chef de l'État, se sont rassurés, sous l'influence d'une réception si bienveillante, on pourrait presque dire si affectueuse. Ils ont exposé avec respect l'objet de leur demande et le Prince a daigné leur en promettre le succès.

Cette bonté, elle est native chez le Prince, elle s'est montrée dès l'âge le plus tendre.

Il n'avait encore que quatre ou cinq ans, lorsqu'un matin il fut réveillé par le bruit sourd de quelque chose qui tombait dans sa chambre, et vit apparaître un petit homme noir, enveloppé d'un nuage de fumée. C'était un ramoneur. L'enfant impérial, qui était resté seul, par hasard, éprouva d'abord un sentiment de frayeur fort légitime, mais le surmontant aussitôt, et se rappelant ce que sa gouvernante lui avait raconté de ces petits malheureux, obligés de gagner à la sueur de leur front une chétive existence, il descendit de son lit, alla chercher sa bourse, et la donna tout entière au petit savoyard enchanté.

Pendant son exil en Suisse, il donna un nouvel exemple de son bon cœur, qualité qui, plus tard, devait le rendre cher aux classes laborieuses de la France. Il habitait avec sa mère au bord du lac de Constance. Pendant ses heures de récréation, il jouait avec les enfants du voisinage, et de préférence avec le fils du meunier du pont du Rhin. Un jour, les deux jeunes amis avaient quitté l'enceinte du jardin ; bientôt on vit revenir le neveu de l'Empereur en manches de chemise, pieds nus dans la boue, dans la neige. Aux demandes qui lui furent adressées, il répondit qu'en jouant auprès de la grille, il avait vu passer une pauvre famille si misérable, qu'il en avait eu pitié, et que n'ayant pas d'argent à lui donner, il avait chaussé un des enfants avec ses souliers, et qu'il avait donné ses habits à l'autre.

Il doit y avoir une belle âme dans l'enfant qui

livré à lui-même et à ses propres inspirations, sait déjà si bien compatir à la misère... ce sont de ces traits qui font dire à tout le monde : il aura bon cœur.

Cette charité ne s'est jamais démentie : au contraire, elle s'est développée avec l'âge, et tous ceux qui ont eu l'honneur de l'approcher savent que c'est la vertu qui domine toute sa vie, aussi on n'en peut trop parler; en fait de charités, il songe à tout, il n'oublie que lui seul. Lorsque Louis-Napoléon était prisonnier à la Conciergerie, il ignorait quel allait être son sort, il pouvait être près de sa dernière heure et pour que personne ne fût exposé à souffrir, il se dépouilla de presque toute sa fortune. La reine Hortense, sa mère, lui avait laissé de grandes charges, des pensions à payer à d'anciens et dévoués serviteurs; eh bien ! il liquida toutes ces pensions; c'est-à-dire qu'il donna de 4 à 500,000 francs. Aussi, dans la prison de Ham, il dépensait moins que la personne attachée à son service, et par là trouvait le moyen de faire beaucoup de bien aux pauvres, de donner des encouragements aux enfants des classes, d'habiller les enfants de la première communion, etc..........

Sa force et sa charité, il les puise dans la religion, car Louis-Napoléon est religieux dans les grands événements politiques qui se sont accomplis; il n'a jamais manqué d'invoquer l'assistance de Dieu ; dans tous ses discours se trouve le nom de Dieu... Dans les divers voyages qu'il a fait en France, son premier soin a toujours été, en entrant dans une ville, d'aller demander les bénédictions du ciel dans la principale église. *Ce qui fait ma force à moi*, disait-il à un général, *c'est que j'ai la foi religieuse qui vous manque :*

Tel est l'homme que la France a mis à sa tête, il a tout ce qu'il faut pour faire le bien : espérance, le malheur, une puissante raison, une forte volonté, un grand cœur... Prêtons-lui donc notre concours et Dieu fera le reste.

Aujourd'hui qu'il a la puissance il ne s'en sert que pour faire du bien.

On se souvient du commandant du fort de Ham qui avait pris un traversin coiffé d'un bonnet pour le prince, lors de son évasion ; c'était lui qui le gardait, qui était en quelque sorte son *geôlier*, qui était forcé, par sa position, d'imposer bien des privations au prisonnier ; eh bien ! ce commandant est aujourd'hui gouverneur du château de Meudon...

L'officier de gendarmerie qui était assis auprès du Prince à la cour des pairs et qui le conduisit à sa prison est aujourd'hui adjudant-major aux Tuileries même.

Le peuple a deviné la bonté du Prince, et il s'adresse à lui en toute confiance, et plus il le connaît, plus il l'aime, et cela a lieu dans les classes les plus pauvres comme dans les classes les plus riches.

« A Toulouse, le Prince passait dans la rue du
» Tore au milieu d'une pluie de fleurs : il aperçoit
» à un balcon une jeune femme, et lui jette un des
» bouquets dont sa voiture était jonchée. La dame
» saisit ce bouquet, le porte à ses lèvres et salue
» le Prince avec la grâce vive et expressive de nos
» méridionales. Or, devinez à qui le prince venait
» de jeter son bouquet? A la femme d'un *farouche*
» républicain. Ces fleurs ont opéré un miracle : le
» farouche républicain est devenu tout à coup l'un
» des plus chauds partisans de Louis-Napoléon. »

Les pauvres, les petits s'approchent de lui sans crainte, et il les accueille tous avec bonté.

Dans la même ville, en se rendant au Polygone, au milieu d'une foule innombrable, le Prince aperçoit un petit paysan de cinq à six ans, qui, porté par une femme, lui tend les bras et crie vers lui. A l'instant le Prince s'arrête, l'enfant est pris par les aides de camp et placé sur le cheval même de Louis-Napoléon.

— Que veux-tu, mon enfant?

— Je veux mon père ; je suis si petit! Je ne peux pas me nourrir seul, et mon père ne me donne plus de pain.

— Où est-il, ton père?

— On l'a envoyé bien loin, bien loin ; rendez-le-moi.

— Tu l'auras, mon enfant, s'écrie le Prince en embrassant le petit paysan et en donnant la demande en grâce au brave général de Goyon, dont la main ferme et juste aide le prince à grâcier les égarés et les coupables repentants.

A quelques pas de là, comme si Dieu voulait récompenser le Prince, une belle jeune fille de quatorze à quinze ans se faisait jour à travers la foule et les chevaux. Un vieux militaire, son père, l'accompagne : elle tient trois couronnes. Le Prince s'arrête encore ; alors la belle enfant, rouge, bien émue, lui présente ses trois couronnes ;

— « Sire, lui dit-elle, voici des violettes, la couleur que l'Empereur aimait ;

» Voici des immortelles, symbole de sa gloire ;

» Et voici de l'héliotrope, emblème de l'amour, que la France porte à Votre Altesse Impériale. »

Le prince a pris ses trois couronnes et donné en échange une magnifique épingle, mais, quelle que fût sa valeur, les trois couronnes en avaient davantage.

Qu'il est charmant, criaient les femmes du peuple, comme il regarde, comme il sourit !

Mais on nous avait dit qu'il était laid ! ah ! bien oui, laid ! nous le trouvons joli, nous !

A Carcassonne un vieux soldat de l'Empire était tombé dans la misère et il avait de plus une fille infirme; c'est égal, ajoutait-il avec un sourire, je vais voir mon empereur. On me dit qu'il me fera une pension.

Voici sa pétition mot à mot :

« Monseigneur,

« Je suis Antoine Escande, un vieux de l'Em-
« pire ! J'ai quatre-vingt-onze ans ! Je n'ai pas
« toujours du pain et j'ai mis en gage mon chau-
« dron où je faisais cuire mes ognons. Je me jette
« à vous, monseigneur, pour obtenir un secours
« de votre bonté !

« *Vive l'Empereur !*

« Antoine Escande, Carcassonne, rue du Mail,
« 55. »

A Carcassonne une pauvre femme, dit une dame témoin oculaire, avait fait vingt-cinq lieues pour présenter au Prince un recours en grâce. Elle pleurait, elle se nommait Escombets; elle venait de Barran, département du Gers. Elle me raconta qu'elle portait le deuil de son mari, qu'il était mort en Afrique deux jours avant d'avoir été gracié.

— « Car on l'avait gracié, Madame, et ce fut là ce qui me rendit le coup plus dur. »

— Et quelle grâce venez-vous donc demander ?

— Hélas ! Madame, celle de mon pauvre enfant ! Un garçon qui n'a pas vingt ans, que des misérables ont embauché en embauchant son père. Il est bien repentant et voudrait bien revenir pour travailler et nous nourrir, moi et mes deux autres petits enfants. On se loue de lui en Afrique, on en donnera de bons renseignements. J'ai fait une supplique; croyez-vous que le Prince la lise ?

— Oui, ma brave femme, et de plus, je crois qu'il vous rendra votre enfant. Le Prince ne refuse jamais, quand il s'agit de faire du bien. »

Il faut entendre les ouvriers parler de Louis-Napoléon; c'est charmant, on voit que ce qu'ils disent part du cœur. A Nîmes, un ouvrier terrassier disait :

« Il y a quatre mois que nous commençons à vivre; le diable était dans la ville, l'un tirait à droite, l'autre tirait à gauche. Enfin on a renvoyé bon nombre de gens en place, les ennemis du Président. La désunion n'est plus si grande, et puis on ne fait plus le mal en son nom, l'on n'arrête plus de pauvres ouvriers dont le seul crime était d'aimer le neveu de l'Empereur, crime très-grand aux yeux des autorités qui gouvernaient Montpellier au moment du 2 décembre. On a mis alors en prison et envoyé en Afrique plus d'un bonapartiste; c'est vrai comme voilà le soleil. Mais quand le Président sera empereur, il trouvera bien le moyen de faire grâce et justice. »

Ceci peut servir à expliquer le cri de VIVE L'AMNISTIE! jeté par les artisans dans le bal donné par la ville au prince Louis-Napoléon. Mais je rendrais difficilement l'effet produit par la réponse du prince si belle, si laconique, si profondément sentie.

« L'amnistie est dans mon cœur plus que sur vos lèvres, méritez-la, et vous l'aurez. »

Pendant qu'on faisait les préparatifs à la halle de Lyon pour la réception du Prince :

— Ah ! disaient ces braves femmes, c'est nous qui allons lui assourdir les oreilles avec un cri qui ne sera pas Vive la république ! Nous avons toujours travaillé pour lui. On disait que l'Empereur était un fameux lapin ; ma foi, il en est un autre. Quand on lit son histoire, il faut pleurer ; et l'on voit bien qu'il est comme son oncle, un homme surnaturel...

On demandait aux ouvriers de Nîmes ce qu'ils comptaient crier au passage de Louis-Napoléon ?

— Eh ! vraiment : Vive l'Empereur ! Il y a assez longtemps que nous l'avons dans l'idée, c'est un fameux homme, allez ! Il a risqué sa tête pour nous sauver le 2 décembre. Nous allons le recevoir comme il faut. La ville est bonne.
— Et que comptez-vous faire ?
— Nous comptons crier à pleins poumons et jouer du fifre et du tambourin dans les rues de la ville, tout le temps qu'il y restera. Quant au reste, notre maire s'en occupe et tout ce qu'il fait sera bien fait.

A Châtelleraut, un chef d'atelier disait à trente ouvriers sous ses ordres : « Mes amis, vous resterez dans les chantiers le jour de l'arrivée du Président. Vous ne l'aimez pas, ni moi non plus. Mais il est prudent de ne pas crier Vive la république ; Châtellerault *s'est bien corrompue.*

— Mais, Monsieur, répondirent les trente ouvriers, notre idée n'est pas de rester, nous voulons le voir et nous ne crierons pas Vive la république !

— Et que crierez-vous donc, malheureux ?

— Ah dame ! Monsieur, ça nous regarde.

Les trente ouvriers ont crié *Vive l'Empereur !* comme un seul homme, et le chef d'atelier s'est consolé en murmurant : *Vox populi, vox Dei.*

La veille du jour où le Prince est rentré dans Paris, deux ouvriers causaient en travaillant près du Louvre.

— Qu'est-ce donc qu'on nous disait sous la République, qu'il n'y avait pas d'argent. Il en trouve bien, LUI, pour nous faire travailler, et cette besogne-là nous plaît mieux que l'aumône des ateliers nationaux.

— Ah ! tais-toi, avec ta République, elle n'a rien su faire.

— Et voilà que le petit Napoléon, comme ils l'appellent, les a tous enfoncés. Il a fait pour le peuple ce que la République n'avait pas osé faire ! Il est furieusement fort ce petit-là !

Toute l'histoire de 1848 et de 1852 se trouve renfermée dans ce court dialogue entre deux tailleurs de pierres.

Enfin, Ab-del-Kader lui-même lui écrit : « Que
» Dieu prolonge les jours de mon maître, le prince
» Louis-Napoléon, qu'il lui donne la victoire et le
» bonheur le plus complet...
» Je retourne à Amboise, car je sais que vous
» êtes occupé d'affaires considérables, que Dieu
» vous vienne en aide !); mais je suis certain que
» vous ne m'oublierez pas plus si j'habite Amboise
» que si j'habitais Paris.
» Je sais que la France demande que vous soyez
» empereur ; vous méritez ce titre à cause de tout
» ce que j'ai vu, à cause de tout ce que j'ai appris.
» J'espère que vous me donnerez la permission
» de venir, à cette occasion, me réjouir à Paris
» avec tous ceux qui vous aiment ; et, je vous le

» jure, à moi seul je prendrai la moitié de la joie;
» je n'en laisserai que l'autre moitié à partager
» entre vos autres amis. »

Aussi à Toulouse l'émtion fut indicible quand il répondit au discours de l'archevêque :

« Les paroles que vous avez bien voulu m'a-
» dresser me rappellent cette voix vénérable qui
» me fit entendre autrefois les consolations de
» la religion alors que j'étais captif. Je les reçus
» ces consolations avec reconnaissance ; elles
» m'étaient données avec tant de bonté !... Le
» souvenir m'en est précieux et cher. Oui, Mon-
» seigneur, la religion a des remèdes et des dou-
» ceurs qu'on chercherait vainement loin d'elle,
» et l'Église a des prières qu'on doit réclamer avec
» confiance, dans la bonne comme dans la mau-
» vaise fortune. »

Depuis que nous avons écrit les pages qui précèdent de grands événements se sont accomplis. La France s'est prononcée, huit millions d'hommes ont dit, oui; mais un oui cordial, sincère, unanime. Qu'elle est belle cette unanimité d'un grand peuple, et qu'il est puissant l'homme auquel huit millions d'hommes disent va, nous allons te suivre ! Ah ! puisse cette unanimité terminer toutes nos querelles.

Ce qu'il y a eu de remarquable, c'est l'empressement, l'élan des populations. Le temps était affreux, une pluie torrentielle a inondé la France pendant les deux jours du scrutin, n'importe, chacun était à son poste. Dans des départements, on a vu les habitants de la campagne traverser en voiture les rivières débordées et se rendre au lieu du vote avec enthousiasme. Ces jours ont été partout des jours de fête... et tout le monde a voulu être de la partie, jeunes et vieux, riches et pauvres.

A Paris, des malades, des infirmes, des paralytiques se sont fait transporter dans la salle du scrutin ; un ouvrier de la rue des Vinaigriers (ancien foyer de socialisme), affaissé sous le poids de la maladie, s'est fait transporter auprès de l'urne, et en déposant son vote, a répondu à une question bienveillante du président : « On ne saurait trop faire pour celui qui a sauvé la France. »

Des aveugles, en grand nombre (sept dans une seule section), sont venus voter, conduits par leurs femmes et leurs enfants.

Dans le 8e arrondissement, le général Despaux, vieillard de quatre-vingt-onze ans, est arrivé en voiture pour déposer son vote, il a essayé de monter dans la salle du scrutin, située au premier étage, mais ses forces ont trahi son courage, il a été contraint de s'asseoir dans le vestibule. Le bureau, informé de ce fait, s'est transporté en corps auprès du général, avec l'urne destinée à recueillir ce vote ; cette scène touchante a ému tous les assistants.

Dans le 7ᵉ arrondissement, M. Ménier, fabricant de chocolat, frappé d'une attaque d'apoplexie qui a menacé gravement ses jours, s'est fait porter dans un fauteuil, de Passy jusqu'auprès du bureau. Dans le même arrondissement, un vieux soldat de l'Empire, âgé de quatre-vingt-dix-neuf ans, est venu voter, porté dans les bras de son fils.

On dit aussi que le général Cavaignac, oncle ou cousin de l'ancien chef du pouvoir exécutif, a déposé un vote affirmatif, en disant : « Je vote *oui*, parce que c'est ma conviction. »

SOUVENIRS DU PEUPLE

PAROLES ET MUSIQUE

DE

M. VILLAIN DE SAINT-HILAIRE

1er COUPLET.

Rappelez-vous cette chaumière
Qu'un hôte auguste visita,
Et les récits de la grand'mère,
Dont le pauvre toit l'abrita.
Dès qu'il partit, la bonne vieille
Pleurant et l'effroi dans le cœur,
S'écria : Sur lui que Dieu veille !...
Enfants, prions pour l'Empereur ! (*bis.*)

2ᵉ COUPLET.

Quand le héros des grandes guerres
Sous le nombre enfin succomba,
Devant les hordes étrangères
Quand l'aigle auprès de lui tomba,
A ses fils, soldats de la garde,
Frappés d'une morne stupeur,
Elle dit : Gardez sa cocarde...
Enfants, priez pour l'Empereur ! *(bis.)*

3ᵉ COUPLET.

Lorsque, dans son image même,
Au vaincu la haine insulta,
Sous le chaume, où toujours on l'aime,
La place d'honneur lui resta.
Honte à qui lui jette l'offense !...
Disait la vieille avec douleur.
Nous, comme aux jours de sa puissance,
Enfants, prions pour l'Empereur ! *(bis.)*

4ᵉ COUPLET.

Quand au loin, sur le roc sauvage
Où l'Europe l'avait banni,
Du plus grand homme de notre âge
Le long martyre fut fini,
En déplorant sa mort funeste,
Permets, dit-elle, Dieu sauveur !
Qu'il revive en celui qui reste...
Enfants, prions pour l'Empereur ! (*bis.*)

5ᵉ COUPLET.

De l'héritier de tant de gloire
Quand s'ouvrit aussi le tombeau,
La pauvre vieille en sa mémoire
Revit, près du trône, un berceau.
Songeant alors au fils d'Hortense,
Elle dit : O ciel protecteur !
Garde bien l'espoir de la France... (1)
Enfants, prions pour l'Empereur ! (*bis.*

---

(1) Lors de la naissance de Louis-Napoléon, l'Empereur dit au cardinal Fesch : « *Cet enfant sera peut-être un jour l'espoir de la France.* »

6ᵉ COUPLET.

Enfin, triste et dans la misère,
Quand elle allait fermer les yeux,
Un chant, connu de la grand'mère,
Frappa l'écho de sons joyeux :
Et puis, des cris... C'est lui, dit-elle...
Merci, mon Dieu, de ce bonheur !...
A présent, ma mort sera belle...
Enfants, prions pour l'Empereur ! (bis.)

DIEU NOUS L'A RENDU

ou

LE RÉVEIL D'UN VIEUX SOLDAT

CHANT POPULAIRE

Paroles et Musique

DE

M. VILLAIN DE SAINT-HILAIRE

1ᵉʳ COUPLET.

Sous l'humble toit d'une pauvre chaumière
Dormait en paix un brave et vieux soldat
Qui vit lutter contre l'Europe entière
L'Empire seul en son dernier combat.
Depuis ce jour, sa douleur n'a de trêve
Qu'aux courts instants où le sommeil venu
Il croit revoir son Empereur en rêve,
Et bénit Dieu de nous l'avoir rendu !
Il croit revoir son Empereur en rêve,
Et bénit Dieu de nous l'avoir rendu !

2ᵉ COUPLET.

Près du vieillard, que la fatigue et l'âge
Retiennent là, mutilé glorieux,
Un jeune enfant s'élance, tout en nage,
Et dit : Grand-père, eh ! vite, ouvrez les yeux !
— Qu'arrive-t-il ?... Qu'entends-je ?... Est-ce un
Je rêve encor... Mais non, j'ai reconnu [prestige ?
Ce cri d'espoir : L'Empereur ! O prodige !
Réponds, mon fils, Dieu nous l'a donc rendu ?

Encor ce cri : L'Empereur !... O prodige !
Enfin, mon fils, Dieu nous l'a donc rendu ?

3ᵉ COUPLET.

Celui qui vient, partout sur son passage,
Répond l'enfant, apporte le bonheur.
Dès qu'il paraît, un unanime hommage
De la patrie accueille le sauveur !
Le méchant tremble, et le bon se rassure...
— C'est donc bien lui, mon fils, et tu l'as vu ?...
Pour renfermer ta dernière blessure,⎫ bis.
O mon pays, oui, Dieu te l'a rendu ⎭

4ᵉ COUPLET.

Poursuis, enfant : parle-moi de sa gloire...
— Au bien public, grand-père, il la devra.
Par l'union, sa plus douce victoire,
L'Empire en paix au progrès marchera.
Il veut au monde inspirer non la crainte,
Mais le respect à tout grand peuple est dû.
—Pour une tâche et bien noble et bien sainte, ⎫
Tu vois, mon fils, que Dieu nous l'a rendu ! ⎭ *bis.*

5ᵉ COUPLET.

Aux vétérans dont l'âme résignée
A tant souffert, sa main porte secours.
La croix, par eux en d'autres temps gagnée,
Vient honorer, consoler leurs vieux jours !
Voici la vôtre !... Ainsi justice est faite
A tout mérite oublié, méconnu.
— Donne, mon fils !... Pour payer cette dette,
Merci, mon Dieu, de nous l'avoir rendu !

A moi la croix !... pour payer cette dette,
Merci, mon Dieu, de nous l'avoir rendu !

6ᵉ COUPLET.

Mais l'Empereur dont vous parlez, grand-père,
Mourut martyr, et son âme est aux cieux.
L'élu du peuple, en qui la France espère.
Vient de l'exil, où l'ont cherché nos vœux.
— Eh bien ! mon fils, si dans le rang suprême
Il fait si bien tout ce qu'avait voulu
Mon Empereur, c'est un autre lui-même ;
Béni soit donc Dieu qui nous l'a rendu !

Oui, mon enfant, c'est un autre lui-même ;
Béni soit donc Dieu qui nous l'a rendu !

www.ingramcontent.com/pod-product-compliance
Lightning Source LLC
Chambersburg PA
CBHW070512100426
42743CB00010B/1815